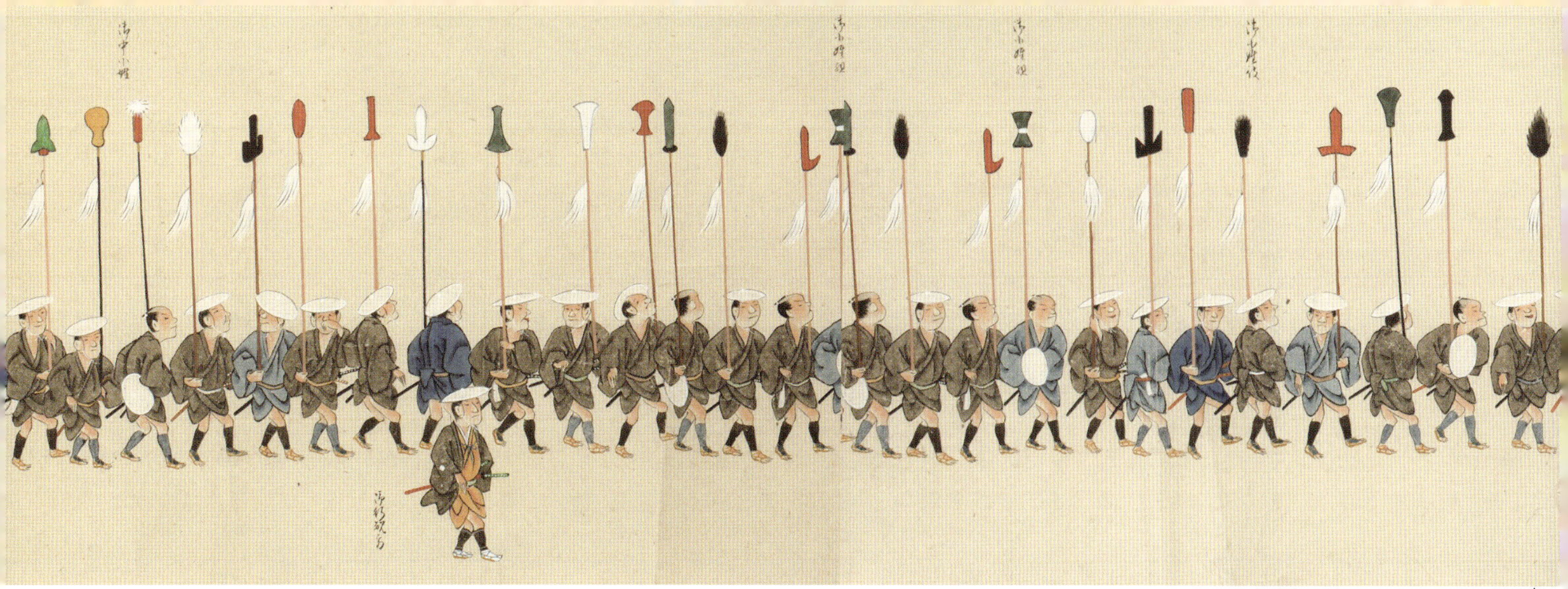

花畑屋敷四百年と参勤交代

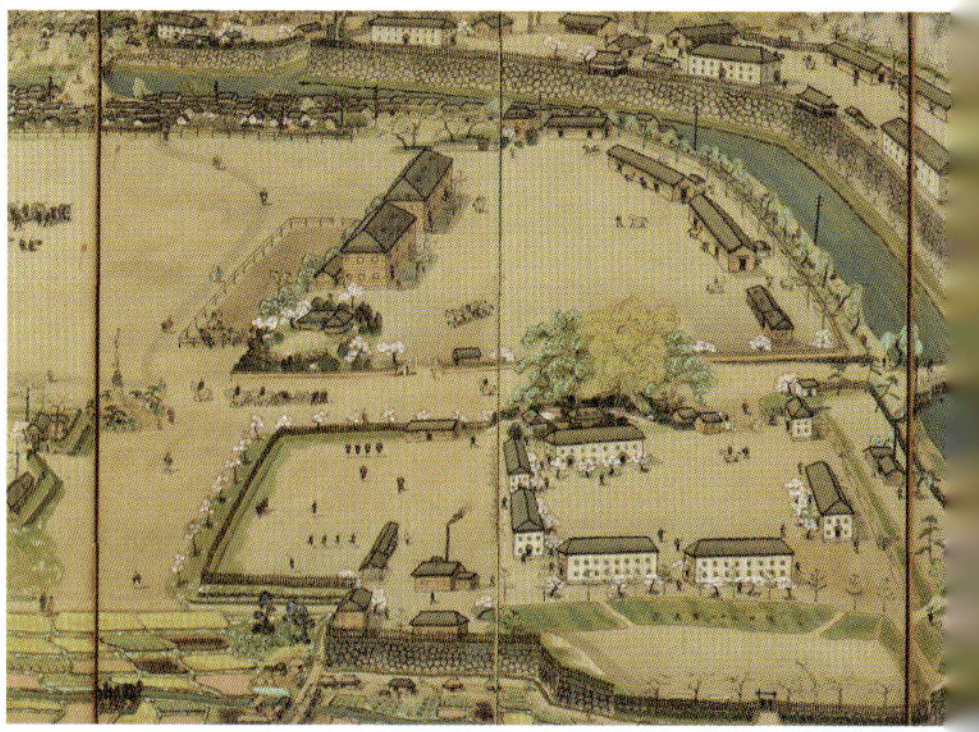

吉丸良治 編著
Ryoji Yoshimaru

熊日出版

花畑屋敷

藩政時代の歴史遺産を語り伝えよう

吉丸良治
Ryoji Yoshimaru

花畑屋敷は加藤清正が熊本城の築城を終えた後、長塀の南側に草花を植え、庭園を造り「花畑」にしたことに始まります。このとき同地に鎮座していた四木宮《よつぎぐう》（のち代継宮《よつぎぐう》、九六一年創建）が白川の南側に遷座されます。やがて加藤家に代わり、細川忠利の肥後入国で花畑屋敷の整備は一層進み、国許《くにもと》屋敷となり、藩政務の中心となっていきます。白川からの導水で庭園も整備されます。剣豪宮本武蔵も、新年には藩主への賀詞に訪れます。

藩財政の半分ほどの出費を要したといわれる参勤交代の役務は、藩にとって最大の重役でした。藩主を中心に、花畑屋敷から千数百人を従えて、江戸まで二百八十里、三十余日を要して参勤していたのです。そして一年後、同じように花畑屋敷まで帰国する交代行事が、二百数十年繰り返されてきたのです。その費用など消費されるエネルギーの大きさに驚きます。

明治になり、熊本の様相は一変します。九州の中心熊本に、九州の軍務の拠点として鎮西鎮台（のち陸軍第六師団）が置かれ、熊本城と花畑屋敷は軍都熊本の中心拠点となっていきます。広大な花畑屋敷は屋敷の歴史を消し去るかのように撤去され、屋敷西南端の一部が今日の花畑公園として残るのみで、広く軍用地となっていきます。

やがて、城下の中心地を占める軍用地の移設移転を求める声が高まり、明治三十三年（一九〇〇）以降、軍施設は徐々に大江、渡鹿へ移転し、その跡地には中心をなす施設、新市街へ変容していきます。

昭和二十年（一九四五）七月、空襲で熊本市の中心部が焦土となり、白川公園にあった熊本県庁も焼失。新県庁は花畑公園の西側に建設され、県勢復興の中心となっていきます。戦後の復興を終えた県庁は昭和四十二年（一九六七）水前寺の現在地へ移転します。県庁が移転した跡地一帯は、「東洋一」といわれた熊本交通センターや百貨店などが立地し、熊本市の中心的賑わいの拠点となっていきます。

そして今日、交通センター一帯は、県内最大の桜町再開発事業が着実に進んでおり、二〇一九年八月の完成を目指しています。この中には、三千人収容可能なＭＩＣＥ施設も計画されており、再開発事業完成の暁には、九州、全国の注目を集めそうです。

花畑屋敷一帯は、四木宮から千年、加藤・細川時代から四百年、熊本の中心にあって歴史的大きな役割を果たしてきました。これから新しい時代を迎えようとしているなかで、これまでの歴史遺産を語り生かすことは、熊本にとって意義あることではないかと思い、永青文庫の協力をいただきながら出版の運びとなった次第であります。

目次

Contents

花畑屋敷　藩政時代の歴史遺産を語り伝えよう　吉丸良治

藩政時代 ―大名の国許屋敷

花畑屋敷

●はなばたやしき

花畑屋敷は熊本城の南側、坪井川を隔てた一帯で、総坪数一万四千七百六十五坪（約四万八千七百平方メートル）と広大な敷地を有し、格式と品格のある大名屋敷です。現在、熊本市中央区花畑町となっている一帯で、「花畑公園」は、花畑屋敷の南西角にあたる貴重な歴史遺産です。

花畑屋敷は、加藤清正によって慶長十五年（一六一〇）ごろ、別荘的な御茶屋として造られています。寛永九年（一六三二）六月、加藤家二代忠広の折に加藤家が改易となったため、同年十二月、豊前小倉城主の細川忠利が肥後に入国します。忠利も花畑屋敷を藩主屋敷とするため、花畑屋敷の普請・作事を大規模に行い、寛永十一年からもって肥後藩の国許《くにもと》屋敷としたのです。

格式と品格のある大名屋敷

屋敷の西側に表御門がありました。門前の道は幅広く取られ、参勤交代の出迎えの際など、家臣が集まる勢溜《せいだまり》として使われていました。現在の熊本市民会館前の道路は、その名残ともいわれています。

「御行列之図」の冒頭

約3・6ｍもある絵巻物の冒頭部分。花畑屋敷の御門（西門）前の広小路で藩主細川韶邦（よしくに・細川家11代）のお国入りを待つ侍や、ほうきを持って屋敷前を掃き清める者たちが描かれています。現在、この場所はＮＨＫ熊本放送局の前あたりです。／永青文庫蔵

登城図（赤星閑意筆）／永青文庫蔵

熊本総絵図(部分)

文久元年(1861)以降に描かれた熊本城下の絵図です。中央が熊本城の本丸や二の丸。坪井川を挟んで南側に広がる一帯に花畑屋敷がありました。花畑屋敷は藩主細川家の国許屋敷であり、藩政務の中心でした。/永青文庫蔵

花畑屋敷の範囲

今日の熊本市都市計画図(1万分の1)に熊本総絵図の花畑屋敷の敷地を重ねてみました。東は銀杏通りまで達しています。(□が花畑屋敷。)

広い邸宅の一角に「御地震屋」も

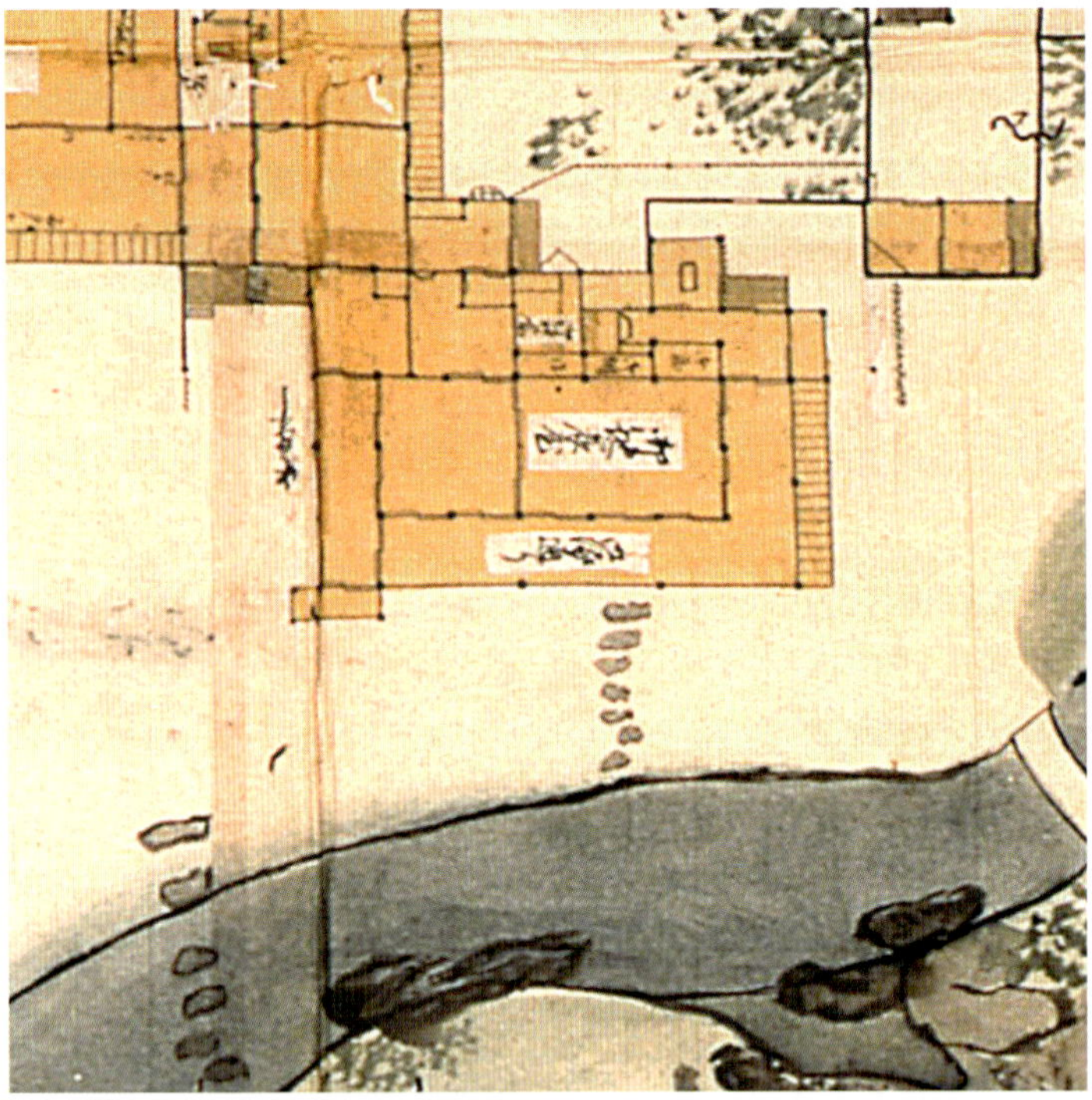

御地震屋の拡大
「御花畑図」にある御地震屋の部分を拡大したものです。床の間のようなところに「御神前」の文字が見えます。南側の池には飛び石伝いで行くようです。／永青文庫蔵

南側から見る現在の花畑公園
「御花畑図」の西南角に描かれている樹木群が、現在の花畑公園に当たります。同公園は歩道面よりやや高くなっており、かつての屋敷跡地を今に伝える歴史公園です。

「本丸には危なくて居られない」

永青文庫には数点の御花畑の絵図が所蔵されていますが、7ページの「御花畑図」が最も古い時代の作とされます。奥御殿の南側、細くなった池に面して「地震屋」が造られているのが、ほかの絵図と異なります。

寛永九年（一六三二）五月、肥後藩の藩主加藤忠広が改易され、同年十二月、その跡を受けて豊前小倉藩主の細川忠利が新たな肥後熊本の領主として熊本城に入ります。

忠利が熊本に入国してから三ヵ月後の寛永十年（一六三三）三月には、熊本で頻繁に地震が起きます。この時、忠利は江戸詰の家臣に「庭のない本丸には居られない。本丸には二畳敷（四メートル四方）ほどの庭もなく、四方が高石垣で、そのうえ矢倉・天守がかなり危ないのだ。地震屋がある庭を造らなければ…」という書状を送っています。忠利は、被災した熊本城などの復旧普請に奔走します。

寛永十三年六月、本丸から政務の場を花畑屋敷に移します。御用の日を定め、朝から夕御膳まで奉行衆からの上申を聞いていくことになります。本丸は、正月や節句などの礼式時の使用と変わっていったようです。

この時代の熊本城や花畑屋敷の地震の被災と修復普請について、熊本大学永青文庫研究センター特別研究員後藤典子さんの研究で明らかになっています。

御花畑図

永青文庫に残る花畑屋敷の絵図の中でも最も古いもので、17世紀末～18世紀初め（元禄7年～享保2年）に作成されています。この絵図には奥御殿の南側、池に面して「御地震屋」が描かれているのが、ほかの絵図と異なります。平面図には「御神前」とあり、室内に神様を祀って安全を祈願した部屋と考えられています。／永青文庫蔵

藩政時代　―大名の国許屋敷

陽春庭

●ようしゅんてい

屋敷の南側は広大な大名庭園
池には白鳥や鶴、舟遊びも

花畑屋敷の南側には大きな池を中央に配した庭園が造られていました。大名庭園に特徴的な池泉回遊式庭園です。陽春庭と名付けられた庭には、数ヵ所に築山が築かれて、散歩や散策などを楽しむことのできる場所です。

細川氏は寛永十五年（一六三八）、御殿の作事を進めるとともに、茶道役小堀長左衛門に命じて庭にも手を加えさせました。庭園の中央にある池に白川から導水して水が流れるようにしています。池には橋を架けて周囲に植樹をし、園路を設けると池泉回遊式庭園の完成です。

池の周囲を屋敷の奥から見ると、南西の大クスの付近には、地形の高低を利用して滝をつくり、すぐ近く庭全体を見渡すことのできる場所には、萱《かや》書院と呼ばれる茶室を設けています。この位置からは屋敷の屋根越しに熊本城も見ることができます。

南側の築山には、観音堂・秋葉社・御宝蔵などがありました。礼拝の場です。また萱書院の前の池や陽春の間の前には、小舟が描かれています。小舟をつないだ位置には階段も設けられているので、舟遊びを楽しむこともできたのでしょう。池には鯉《こい》が放たれ、出雲から取り寄せたという白鳥や鶴もいたとされます。

屋敷の近くの池付近、陽春の間から見て右手の築山には、巨石が置かれています。左手の築山へは、陽春の間の前から池を飛び石で渡ると、上れるよう階段もつけられています。また陽春の間のすぐ近くには、御鞠場や御鷹部屋があ

りました。
一方、奥御殿前の庭は表御殿側とは垣根で仕切られ、独立した空間となっています。奥御殿前は藩主一家の私的な庭とされていたのでしょう。庭園には陽春の間からは自由に出入りができますが、その他の建物から出入りするには塀で仕切られています。
御殿と陽春庭の東側は、次のことに利用されています。まずは射場、そして田畑です。藩主が武芸をする場所として、馬術用の馬場や弓術をするために的場を置いたのが射場です。馬場の傍らには藩主の馬を飼育する小屋が建てられています。射場の北側には梅園、さらに北側、御裏御殿の裏手には、畑を見ることができます。細川氏は四季の農事の繁閑と作物の状況をみるために、敷地内に田畑を作らせたといわれています。

陽春庭中之図（北より）

「南より」の絵図と対をなすものです。左下からまっすぐ南に延びるのは馬場。よく見ると、桜か梅のような花が咲いていて、紅葉した木もあります。四季の移ろいをまとめて描いているようです。右奥の樹木が茂っているあたりが、今日まで残っている花畑公園付近です。／永青文庫蔵

藩政時代 —大名の国許屋敷

白川から導水、水深は背丈ほど?

陽春庭の池で踏水術を披露

肥後藩の茶道役小堀家の三代目で、小堀流踏水術の祖でもある小堀長順が宝暦六年（一七五六）に著した「踏水訣《とうすいけつ》」に次のように記されています。

「先君の時分、肥後白川の水を城下花圃といふ所へ水道を通し庭中に広き池も掘らせられその深き事丈余…」

「延享の比、吾侯入国の時、肥後熊本へ着の節、即日余游を命じ給ふ、花圃の泉水にて游ける時、大に賞嘆したまひ…」

先君はおそらく細川忠利で、花圃は言うまでもなく御花畑です。白川から水を引いてつくった陽春庭の池は、丈余の深さでした。「丈余」は「背丈ほど」の意味のようですが、泉水はかなり深いところがあったようです。

また、延享のころとあるので、重賢《しげかた》の肥後入国時の興味深いエピソードです。重賢は熊本の花畑屋敷に着くなり、長順に小堀流の泳ぎを披露するように命じます。長順が陽春庭の泉水で泳ぐと、重賢は大いに感心して褒めたというのです。いかにも重賢にまつわる逸話のようですが、新藩主の御前で小堀流踏水術を実演できた長順の喜びようと誇らしさも伝わってきます。重賢は、江戸城殿中での人違い刃傷事件で不慮の死を遂げた宗孝に代わり、同四年（一七四七）新藩主となりました。

小堀流踏水術の稽古は白川の天神淵で行われたそうですが、藩主の命令で陽春庭の泉水でも実演したことがあったのです。

陽春庭中之図(南より)

江戸末期、藩の御用絵師である内尾栄一と杉谷行直の作。花畑屋敷を南側から見た鳥瞰図です。手前左に萱書院、遠景には熊本城の大小の天守と本丸御殿などが描かれています。池には一艘の舟が松の幹につながれています。藩主が舟遊びに興じたのでしょうか。花畑屋敷はこけらと瓦屋根が描き分けられ、正面玄関である御玄関には唐破風が見えます。陽春庭の赤い葉をつけた特徴ある姿の樹木が印象的です。左奥の遠景は金峯山と荒尾山でしょうか。／永青文庫蔵

清爽園《せいそう》

陽春庭にあった庭石の一部が移されて整備されました。法華坂の上り口、熊本市中央区宮内にあります。かつては新一丁目御門があったところです。御門の外には勢溜（せいだまり・広場）があり、高札も掲げられたので「札の辻」と呼ばれました。また、同所は豊前、豊後、薩摩、日向の各街道の熊本城下からの起点。「里程元標跡」の碑もあります。

藩政時代 ―大名の国許屋敷

坪井川を挟み城と向き合う

絵画に見る往時の熊本城と御花畑

赤星閑意の「熊本城之図」

大藩である肥後藩の藩主が日ごろ暮らしていた花畑屋敷。しかし、藩政時代の絵図や絵画にはほとんどその姿が描かれていません。「御花畑図」「御花畑御絵図」など、屋敷全体の敷地と屋敷平面図はいくつか残されていますが、豪壮な建物の全容が分かる絵画は知られていないようです。

明治維新後の絵には、部分ですが花畑屋敷が描かれるようになります。赤星閑意の「熊本城之図」の近景に花畑屋敷が描かれています。坪井川を挟み、熊本城と向かい合う花畑屋敷の位置関係がよく分かる絵です。左岸の川沿いには満開の桜並木が見えます。のちに登場する新しいメディアである写真にも花畑屋敷の一部が写り込んでいます。

熊本城之図(赤星閑意筆)

南から北を望み、花畑屋敷越しに熊本城全景を描いた鳥瞰図です。備前堀や南坂も見えます。かなりデフォルメされていますが、往時の姿を伝えています。御花畑の右端の2階建ての建物には「御物見」と金文字で書かれています。ここは御裏御殿に当たるところ。御奥本御門も見えます。坪井川に架かる向かって左の橋が下馬(げば)橋、右側が厩(うまや)橋、右端の藪ノ内(やぶのうち)橋は石造アーチ橋です。赤星は明治21年(1888)に没しているので、それ以前の作です。/永青文庫蔵

藩政時代 —大名の国許屋敷

絵画に見る往時の熊本城と御花畑

失われた昔日の栄華

「自代継社御花畑ニ至」

藩政期、熊本城と城下町を空から見たいとどれほどの人が望んだでしょう。空を飛ぶ鳥にしかかなわないその願いを、明治になって赤星閑意の想像力がそれをかなえてくれました。

ただ、明治四年（一八七一）から六年にかけて熊本城と花畑屋敷は陸軍の軍用地になります。さらに、十年の西南戦争で花畑屋敷と城下のほとんどが焼け、武家地だった山崎町はその後広大な練兵場へと変貌。熊本鎮台、二十一年（一八八八）以降は第六師団が編成されて熊本城本丸とその周囲は陸軍の軍用地が多くを占めるようになります。軍都熊本の誕生です。

花畑屋敷があった一帯は、元は代継神社のあったところです。屋敷の一角に茂る大クスはかつての鎮守の御神木。赤星が「自代継社御花畑ニ至」と表題につけたのは単なる位置関係を表したのではなく、左に花畑から白川左岸に遷座した代継神社を、右に熊本城を描いて慶長以来約三百年の時の流れも一幅の絵画の中に表現したいという思いがあったのでしょう。失われてしまった昔日の栄華をとどめておきたかったのかもしれません。

自代継社御花畑ニ至
（赤星閑意筆）
熊本城と城下町を東から望む鳥瞰図です。白川左岸に代継神社、中央に描かれている街並みは山崎町の武家屋敷です。武家屋敷と熊本城の間にある大きな建物が花畑屋敷。大クスも茂っています。広小路を挟んで細長い作事所も確認できます。熊本城下の花畑屋敷と山崎の侍屋敷一帯は、現在の花畑町、桜町、辛島町、練兵町にあたります。白川には長六橋と代継神社のところに水道橋がありました。遠方は山容からすると、左から万日山、花岡山（北岡山）、金峰山、荒尾山のようです。手前は追廻田畑。明治期の作。／永青文庫蔵

熊本城東面図(赤星閑意筆)

表題のとおり、東から熊本城を望む鳥瞰図です。左端が花畑屋敷。坪井川に面した花畑屋敷のいちばん手前の門は御裏本御門で、その左側に階段と御広御門が描かれています。御門前の石垣は人の背丈ほどはありそうです。広小路を挟んで、細長い作事所も描かれています。手前(近景)は御厩(馬小屋、現熊本市役所)で、坪井川に架かる厩橋の由来になっています。西方の遠景は北岡山、金峰山、荒尾山と金文字で書かれています。明治期の作。/永青文庫蔵

熊本城東面図(部分拡大)

花畑屋敷北側の坪井川左岸に何か構造物があります。平御櫓前から下馬橋の間に18基並んでいます。かつて、この付近には着舟場があり、絵には描かれていませんが川尻に残っているような階段式の岸壁があったのです。構造物は舟を綱でつなぎ止めておく杭でしょう。広辞苑を開くと、「戕牁(かし)」と難しい漢字が当てられています。13ページの「熊本城之図」にもこの戕牁が見えます。

藩政時代 ―大名の国許屋敷

時空を超えた「鳥の目」の視点

絵画に見る往時の熊本城と御花畑

甲斐青萍の「熊本城下町並図屏風」

今日の熊本市でも熊本城の存在感は圧倒的です。数多くの櫓が林立し、武家屋敷が連なっていたころはどんな風景が広がっていたのでしょうか。

だれもが抱くそんな思いにこたえてくれるのが甲斐青萍《せいひょう》の「熊本城下町並図屏風《びょうぶ》」です。威容を誇った熊本城の天守や櫓群の一部は、明治初期の古写真で見ることができますが、熊本城の城郭全体や城下町を俯瞰《ふかん》した写真はありません。往時の城と城下町を一望できるこの屏風図は、見る人に時空を超えた「鳥の目」の視点を与えてくれます。

青萍は明治生まれですから、藩政時代の熊本城と城下町は見ていません。ただ、鳥瞰図は古くからありました。東京美術学校の日本画科に学び、熊本市で中学校

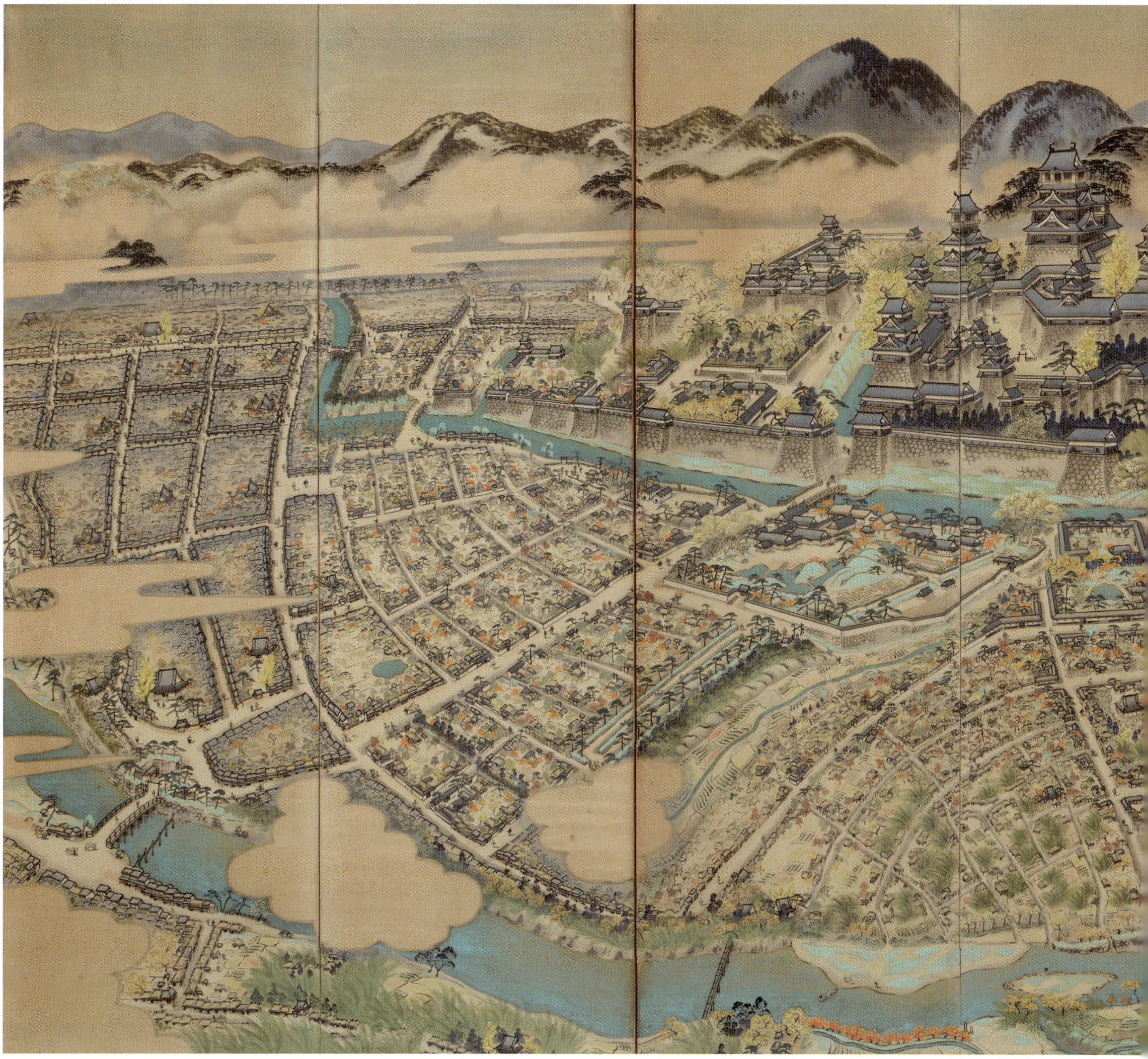

（旧制）の美術教師でしたから、さまざまな絵画に接する機会もあったでしょう。有名な狩野永徳の「洛中洛外図屏風」や肥後藩の御用絵師だった杉谷雪樵《せっしょう》の「熊本城南面図」、赤星閑意の「熊本城之図」も見ていた可能性があります。というより、青萍が描いた屏風の熊本城の構図からは、雪樵と閑意の影響が見られます。

いずれにしても、並外れた想像力がなければ到底描けない「熊本城下町並図屏風」は、二十一世紀に生きる私たちに、かつての熊本城の雄姿と城下町のたたずまいを伝えています。

熊本城下町並図屏風

甲斐青萍が描いた六曲一双の屏風。南東上空から見下ろす鳥瞰図です。中央には金峰山を背景に熊本城、その南側に花畑屋敷と陽春庭が見えます。手前の白川と長塀の前を流れる坪井川の間には城下町が広がっています。花畑屋敷の南側が山崎町で、武家屋敷がありました。青萍は明治15年御船町生まれの日本画家。この屏風図は江戸後期の熊本城下の風景です。／文林堂蔵

藩政時代——大名の国許屋敷

花畑屋敷跡から望む熊本城

絵画に見る往時の熊本城と御花畑

平成二十八年（二〇一六）四月の熊本地震で熊本城は大きな被害を受けました。現在は天守閣や飯田丸五階櫓などの復旧工事が進んでおり、天守閣への登城はもちろん、本丸や飯田丸には入れません。それでも、危険個所を避けた見学コースが設けられているので、連日多くの観光客がお城見物に来ています。

三十年五月、屋根の復旧工事が行われていた大天守の囲いが取れ、通町筋から本丸御殿の屋根越しに天守閣の姿が見えるようになりました。しかし、ほかの櫓や塀、石垣が完全に復旧するまでは二十年ほどかかると言われています。かつての熊本城の雄姿を見ることができるのは、まだ先になりそうです。

そびえ立つ唐破風の大天守

熊本城は明治初年に撮影された写真が残され、天守閣や櫓の復元にも活用されました。とくに大小の天守を望むアングルはどの角度も雄々しく、人々を魅了します。西側の加藤神社前から宇土櫓越しに見る天守、そして北側の千葉城町のKKRホテル熊本付近から見上げる大小の天守は、高石垣との相乗効果もあって圧倒的な存在感があります。

一方、かつて花畑屋敷があった南側、花畑町と桜町から見る熊本城はかなり印象が異なります。大天守はやや細めに見え、小天守は大天守に隠れてまったく見えません。ただ、大天守と飯田丸五階櫓、未《ひつじ》申《さる》櫓を一望し、下方には馬具櫓まで一直線に延びている白と黒の長塀が安定感を与えています。この景色は、かつて花畑屋敷の北東にあった御物見の二階から望むお城の姿とほぼ同じだと思われます。もちろん、当時は数寄屋丸五階櫓や竹ノ丸五階櫓、要人櫓などが見えていました。

熊本城は西向きの城といわれますが、大天守だけに限ると、少し違う見方もあります。南側と北側の五層目に曲線を描く唐破風の装飾と出窓があります。美しさ、豪華さは東西の立面より勝っていると言えそうです。さらに、クスノキ以外にさえぎるものがなく、天守は空高く突き抜けています。「武者んよか」というより、スタイリッシュです。

かつて、花畑屋敷、そして陽春庭の萱書院あたりからは、美しくそびえ立つ天守閣を日々見上げていたのです。飯田丸五階櫓とのツーショットも、南側から望むほうが収まりがよく、端正な姿を見せています。しかし、この方向からの写真を見ることは少なく、江戸期、明治期を通じても南面を描いた絵画はほとんどありません。「陽春庭中之図」（南より）の遠景に小さく描かれた熊本城天守閣は、この写真と同じように天高くそびえています。

熊本地震で飯田丸五階櫓は「奇跡の一本石垣」で倒壊を免れましたが、現在は石垣復旧のため解体工事中。長塀もすべて倒れ、復旧工事はこれからです。この写真の風景がよみがえるのは何年後でしょうか。

南側から見る熊本城

右から大天守、数寄屋丸二階御広間、飯田丸五階櫓、未申櫓。下方は長塀と馬具櫓です。

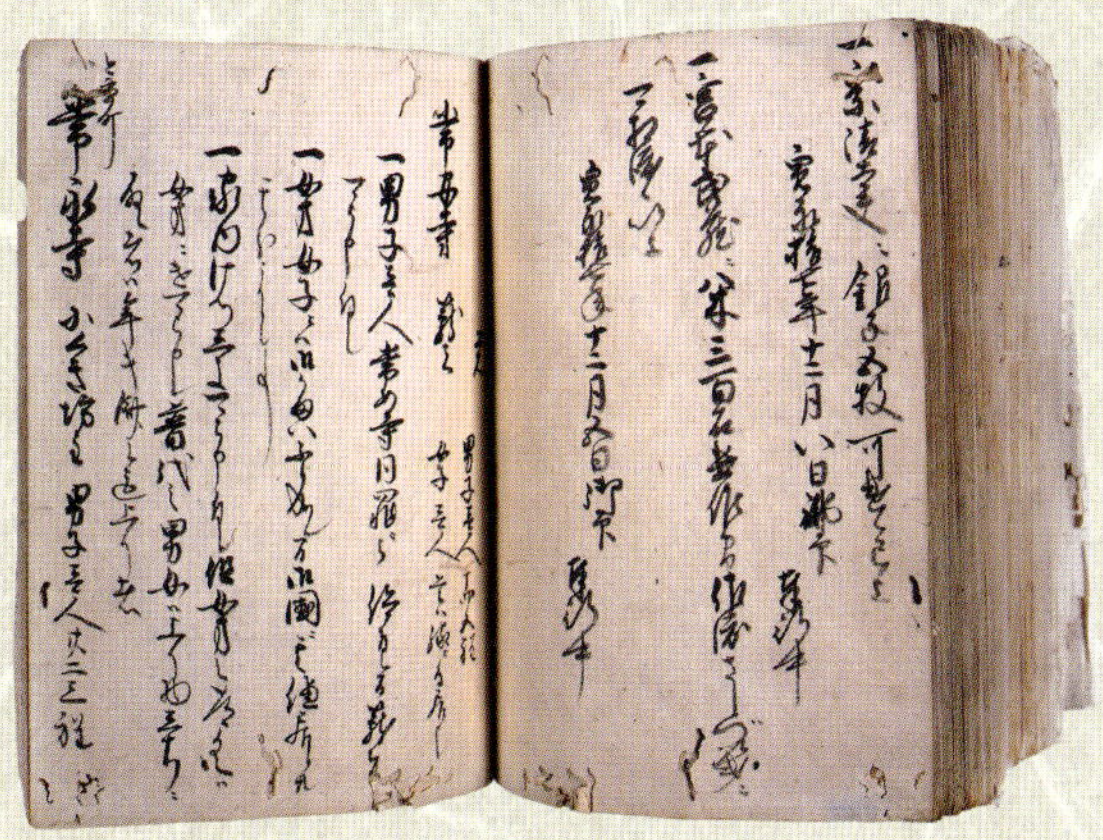

奉書
右ページの中ほどに「宮本武蔵ニ八木三百石遣候」と書かれています。「寛永拾七年十二月五日」の日付けもあり、武蔵が熊本にきた寛永17年、藩主忠利は武蔵に米300石を遣わしています。
／永青文庫蔵

宮本武蔵の立像
熊本市北区の武蔵塚公園内（龍田弓削1丁目）にあります。武蔵は晩年の約5年間を熊本で過ごし、熊本で亡くなります。像の後方が武蔵の墓所とされる武蔵塚です。

五輪書
地の巻、水の巻、火の巻、風の巻、空の巻の5巻。二天一流の奥義を今に伝えます。／永青文庫蔵

霊巌洞
寛永20年10月、武蔵はこの洞窟にこもりました。西に開けていて、奥には馬頭観音が祀られています。中央の岩は船頭石。熊本市西区松尾町。

宮本武蔵旧居跡
熊本市中央区千葉城町、熊本西年金事務所の坪井川沿いに武蔵の住居跡を記した標柱が立っています。『肥後国誌』には「千葉城の下、上林橋の辺に住せり」とあります。現在、同事務所前の橋は六工橋と言いますが、明治9年（1876）千葉城跡に工兵第六小隊の兵営が置かれたので、そう呼ばれています。ただ、この付近の坪井川は河川改修で、流路が大きく変わっています。

伝宮本武蔵供養塔
泰勝寺跡にあります。右は武蔵に引導を渡した春山和尚の墓。熊本市中央区黒髪4丁目。

近代〜現代 ― 変わっていく花畑一帯

明治4年、花畑屋敷が県庁に

城に続く特別な広い空間

加藤清正の熊本城築城前後に形成された城下町は、町全体が城の一部として扱われ、町の各所に御門や番所が配置されていました。その城下町は人口過密な都市。防火上の措置として要所に幅員のある広小路を設けるなど防災機能の充実も考えられています。

花畑屋敷と作事所の間にも広い空間（広小路）がありました。参勤交代のときは、広い屋敷前の道路で多くの家臣たちが藩主の行列を見送り、そして出迎えました。「御入国御行列之図」（4ページ参照）の冒頭に描かれているように、大事な日にはきれいに掃き清められる特別な場所だったのです。左の写真には天守閣と飯田丸五階櫓などが写っていますが、ほぼ半分は地面。撮影者は熊本城に続くこの空間の意味が分かっていたのかもしれません。

明治四年（一八七一）七月の廃藩置県で藩が県となり、熊本県庁は花畑屋敷内に置かれます。実は、この半年ほど前の一月六日（西暦では二月二十四日）、鹿児島から人吉、八代を経て熊本城下に入った西洋人がいます。ドイツ人地理学者のフェルディナンド・フォン・リヒトホーフェンです。

外国からの客人を歩兵中隊と大勢の役人が出迎えます。「太鼓と笛に合わせ行進しつつ、市中を通り城門の中まで護衛した。立派な建物の前で一同停止し、捧げ銃が行われ、私は中庭で英語を話す若い日本の紳士に迎えられ、立派にヨーロッパ風に建てられた家に連れていかれた」（上村直己訳『リヒトホーフェン日本滞在記』）。その家で出迎えたのが護久と弟の護美です。通訳は、横井小楠の甥《おい》でアメリカ帰りの横井大平でした。西洋式の軍楽隊が先導して着いた場所がどこだったのか不明ですが、興味ある記述です。

明治四年十月、政府からの指示で県庁は鎮西鎮台の屯営となります。花畑一帯が陸軍の軍用地に変わり、以後「軍都熊本」として発展していきます。

花畑屋敷前から望む熊本城

向かって右（東）が花畑屋敷の一部、左（西側）の細長い2棟の建物は作事所、中央にそびえるのが大天守です。南から北を向いて撮影されています。天守閣の左側の櫓が飯田丸五階櫓です。その下に横長の馬具櫓、さらにその前に書物櫓が見えます。作事所は藩政時代に城や櫓、藩主の居宅など建築や保守・修理を担当していた役所です。広い空間は現在の市民会館とNHK熊本放送局の間の道路、熊本城に続く整備中のシンボルプロムナードとほぼ重なります。明治5年ごろの撮影。／長崎大学附属図書館蔵

花畑公園前の通り（広小路）から熊本城を望む。左上のモノクロ写真と同じ方向を見ています。大天守と飯田丸五階櫓は復旧工事中。左は熊本市民会館。

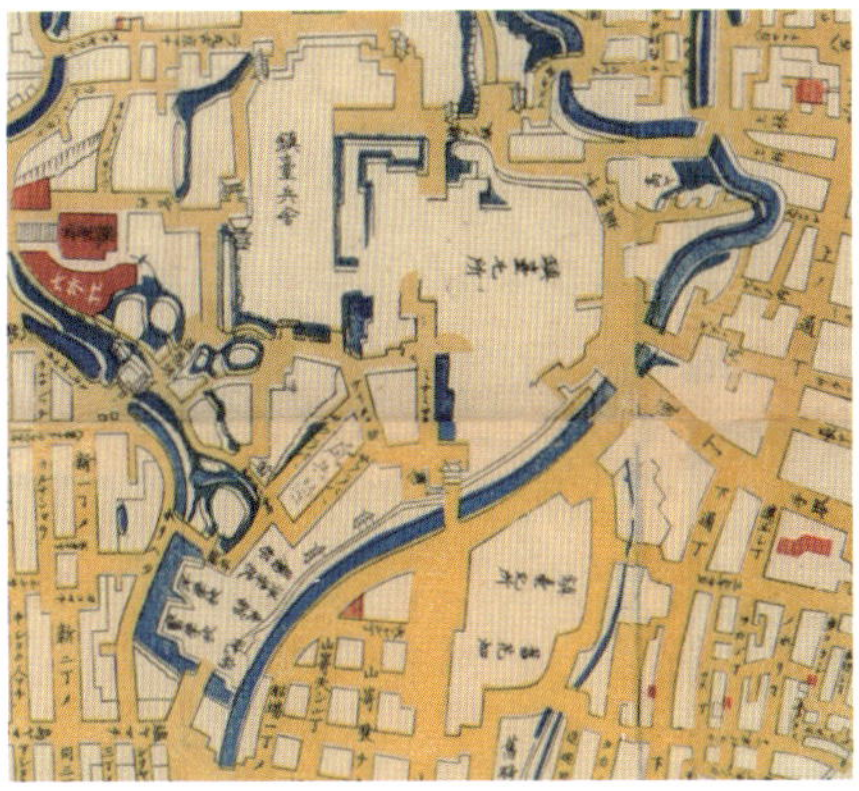

白川県肥後国熊本全図(部分)

本丸には「鎮台屯所」の文字が見え、二の丸は「鎮台兵営」です。坪井川を挟んだ花畑屋敷跡は「旧花畑　鎮台屯所」となっています。熊本が陸軍の軍都になっていく原型がここにあります。明治9年作。／永青文庫蔵

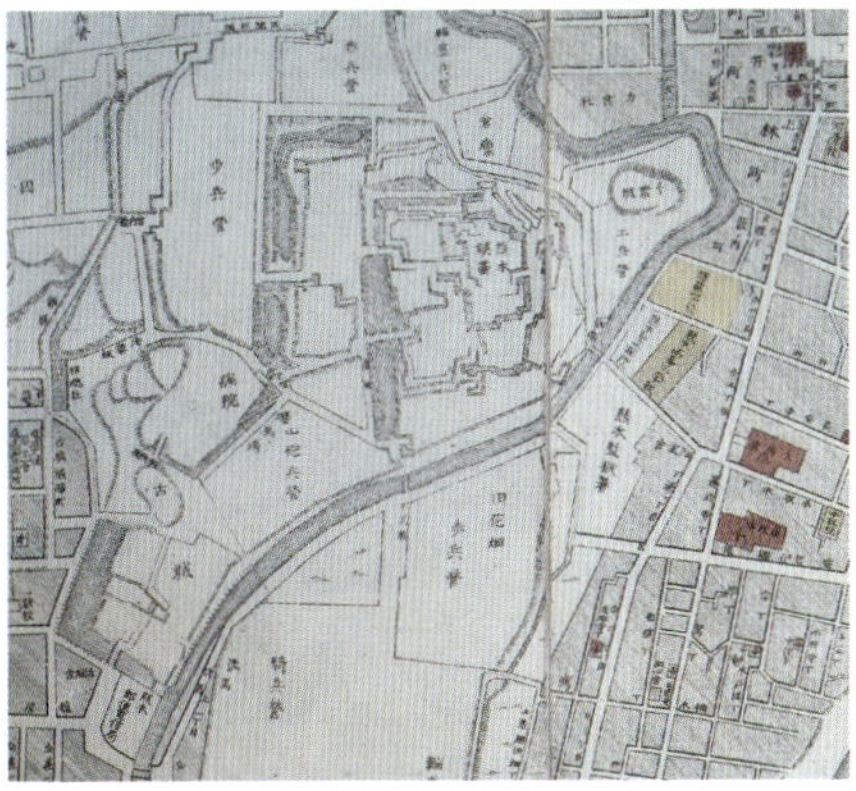

熊本全図(部分)

明治14年の熊本市中心部の地図です。花畑屋敷の跡(旧花畑)は歩兵営になっています。山崎町の武家屋敷はすでになく、広大な軍用地になっています。騎兵営と輜重敞(しちょうしょう)があったようです。／県立図書館蔵

近代～現代 ―変わっていく花畑一帯

グラバーが見た花畑屋敷

天守閣から見下ろした古写真に写る花畑屋敷はいくつもの建物が軒を連ねています。新屋形も含め、多くが日本瓦で葺《ふ》かれた日本建築のようです。陽春庭の泉水に架かる太鼓橋も確認できます。この写真は明治初年に撮影されたようで、花畑屋敷の規模が想像できる唯一の写真と言ってもいいでしょう。

廃藩置県から半年もたたない明治四年（一八七一）の暮れ、細川護美の招きで長崎からスコットランド（英国）出身のトーマス・B・グラバーが花畑屋敷にやってきます。通訳として同行してきたのが、アメリカ帰りの浜田彦蔵（ジョセフ・ヒコ）です。グラバーと護美は行き違いで会えませんでしたが、グラバーと彦蔵は家老の平野九郎右衛門の案内で十二月二十三日（西暦）に熊本城の天守閣に登り、その翌日には花畑屋敷の中も案内されます。そのときの様子を彦蔵は日記に書いています。

「最上部の部屋からの眺望は雄大であった。城からは、地上六十フィートの屋根つきの橋（窓もある）が、堀を渡って御花畑、すなわち大名の邸宅までかかっている。この邸宅は平地にあり、桃や梅や桜や、常緑の松の木を美しく植えこみ、築山や池や、本流から管で引いた水路もあった。

家老は私たちに、今はここの半分が邸宅として残っているだけで、残りの部分は兵営として中央政府に引渡した、と語った。しかし今や、そこの全体がその美しさを失い、管はこわれて水は涸《か》れ、池はよどみ、小川の流れもからからに乾いてしまっていた。（略）

平野氏は藩公の邸宅の内部を、くまなく案内してくれた。邸宅には夏座敷と冬座敷が備わっていたが、奥まった一室はとくに贅《ぜい》を尽くし、りっぱな襖《ふすま》があり、上段には美しくて高価な畳が敷いてあった。この部屋は将軍が熊本に来たときのために、とくに取って置かれているとのことである。

全部見おわってから、二階の夏座敷へ行った。そこには多くの長持（長い箱）があって、数百年にわたって蒐集《しゅうしゅう》された藩公の骨董がはいっていた。私たちは、よそでは見られない芸術品をたくさん見せてもらった」（『アメリカ彦蔵自伝2』）。

「半分は邸宅、残りは兵営」

一方、徳冨蘆花は県庁となった花畑屋敷を「御花畑の御殿は、襖と云《い》う襖を取り払うて、知事様から下下の役人まで一目見通しの勤務です」（『竹崎順子』）と記しています。

明治六年一月、各地の鎮台が改編され鎮西鎮台は熊本鎮台となり、六月に鎮台本営は熊本城の本丸御殿に移ります。しかし、荒れかけていた花畑屋敷跡は引き続き陸軍の軍用地のままで、広大敷地に残っていた屋敷のいく棟かは解体され、残った建物も西南戦争の戦禍に遭い焼失します。南側に広がっていた陽春庭も大半が整地され、のちに歩兵第二十三連隊の兵営となります。

花畑屋敷が鎮台屯営になった後、県庁は二の丸にあった元家老の有吉立愛邸に移転しました。

熊本城天守閣から望む花畑屋敷

大天守から南側の城下を見下ろした珍しい古写真です。花畑屋敷が鎮西鎮台となるのは明治４年（1871）10月。この写真を所蔵する長崎大学附属図書館は撮影年を「1871年ごろ」としています。写真の真ん中あたりに写っているのが花畑屋敷で、いくつもの棟の屋根が見え、広大な屋敷全体の規模が分かります。中央の右寄りに連なるのは新屋形と思われます。屋敷の左側に広がる陽春庭には築山や植栽、回遊する道、細くなった池に架かる橋も確認できます。南にまっすぐな馬場も延びていて、その右の樹木の茂っている付近が今日の花畑公園。右端の空間は広小路です。撮影年が明治４年だとすれば、花畑屋敷と陽春庭の最後の姿かもしれません。手前には城内のいくつかの櫓も写っています。左端に少し見えている櫓には入母屋破風があります。一段高いところにあるようで、天守に近いのは明らかです。天守との位置関係から推測すると、小広間西三階櫓でしょうか。中央の櫓は竹ノ丸五階櫓と思われます。その右手前にも三階櫓の屋根が見えます。遠景のなだらかな山容は雁回山（標高314m）です。/長崎大学附属図書館蔵

近代〜現代 ― 変わっていく花畑一帯

花畑・山崎町一帯は軍用地に

熊本明治町並図屏風（甲斐青萍筆、部分）
西南戦争以降、焼けてしまった花畑屋敷と山崎町一帯の広大な土地は陸軍の軍用地となりました。右端の橋が坪井川に架かる下馬橋。手前（下方）は追廻田畑。／文林堂蔵

　明治十年（一八七七）の西南戦争で花畑屋敷や山崎町の武家屋敷群も焼けてしまい、その後熊本城域を含め一帯はすべて陸軍の軍用地となります。山崎町は練兵場で、作事所跡は騎兵営となり、花畑屋敷跡地は二十七年に新しい歩兵第二十三連隊の屯営が完成。現在の辛島町付近は六師団の備品（被服や装具など）を保管する輜重敞《しちょうしょう》が置かれました。

　甲斐青萍の「熊本明治町並図屏風」を見ると、軍用地がいかに広大だったかが分かります。今も残る花畑公園の大クスの下にある建物は、二十三連隊の将校集会所。明治四十三年一月、森鷗外がここを訪れ昼食をとっています。鷗外の「明治四十三年日記」には「（三日）歩兵第十三連隊、同第二十三連隊、騎兵、砲兵、工兵の兵営を逐次に視る。歩兵第二十三連隊の将校集会所にて午食す。官事畢《おわ》りて成趣園にゆく」とあります。鷗外は当時、軍医総監で陸軍省医務局長でした。

歩兵第23連隊の移転後に共進会

　大正十三年（一九二四）八月、二十三連隊が渡鹿練兵場に移転（のちに宮崎県都城へ）。その跡地で翌年三月二十日〜五月三日までの四十五日間、熊本市三大事業記念国産共進会が開かれます。

　熊本市の三大事業とは①市中心部にあった歩兵第二十三連隊が市東部の大江町渡鹿に移転②市電の開通③上水道の給水―です。これらの事業が大正十三年に成し遂げられ、記念の共進会が開催されました。共進会とは、今日でいう各種パビリオンやアトラクション施設が並ぶ博覧会です。

　二十三連隊跡地の三万坪（約九万九千平方メートル）に産業界や三府三十七県、台湾や朝鮮、満州の展示館が建ち並び、期間中の入場者は百万六千四百九十一人と大盛況だったようです。県庁周辺（現在の白川公園）にも第二会場が設けられ、教育や衛生、美術の各展覧会が催されました。同会場も三十二万人余の入場者でにぎわったそうです。

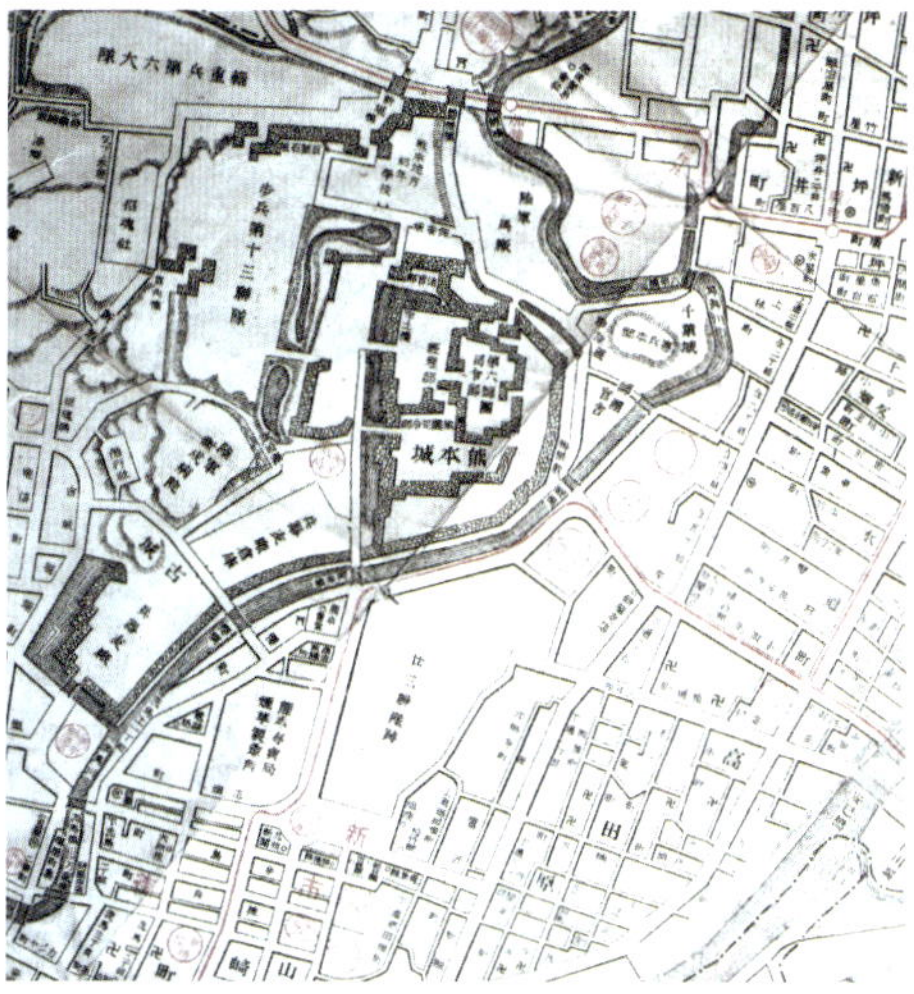

熊本市街地図

大正13年の地図。市電の路線が赤い線で記されています。花畑屋敷があったところは「二十三連隊跡」となっていて、軍用地を避けるように市電のルートがつくられていたのが分かります。／県立図書館蔵

三大事業記念国産共進会の正面ゲート

正面の会場入り口は現在の花畑広場（旧産文会館跡）付近にありました。左の中ほどに見えるのが本館。その左の樹木群が現在の花畑公園。後方に立田山が写っています。／絵葉書

近代～現代 ― 変わっていく花畑一帯

練兵場から市街地へ

花畑屋敷が鎮西鎮台の兵営となり、陸軍の軍用地となったのは明治の初め。十七年（一八八四）、歩兵第二十三連隊の編成が始まると翌年七月には、クスノキがあった現在の花畑公園も同連隊の敷地の一部になりました。大正十四年（一九二五）五月、同連隊が歩兵第三十六旅団に編入され、渡鹿の新兵営に移って間もなく宮崎県都城へ移転します。そのころ、旧花畑屋敷一帯は大蔵省の所管になります。

幸運にも代継神社ゆかりの大クスは残っていました。昭和二年（一九二七）十月、熊本市が国から無償貸与を受けて花畑公園を整備。四年から市民の憩いの場となります。もっとも、『熊本市史』（昭和七年発行）には「当時の二十三連隊の営舎であり、今の所謂『花畑公園』の一帯は、その将校の集会所で、『御花畑』の面影を物語る立派な庭園などがあった」と書かれています。大正の終わりごろまで、陽春庭は往時の姿を少しとどめていたのでしょうか。

現在の花畑公園（中央区花畑町六一一）は熊本市が管理。一般の街区公園とは異なり、特殊公園（歴史公園、その他）に分類されています。面積は二千六百十五平方メートルです。

明治三十三年（一九〇〇）、山崎練兵場の大江村

昭和4年、花畑公園が誕生

渡鹿への移転を機に、熊本市の中心部は新たな市街地開発が始まります。四十三年、練兵場跡地に九州一といわれた巨大な赤煉瓦造二階建ての建物が出現。熊本地方専売局の煙草《たばこ》工場です。角地に建つ鉄筋三階建ての庁舎は昭和二年（一九二七）の竣工。敷地は合わせて一万三百四十二坪（約三万四千平方メートル）でした。昭和五年当時、同工場には千三百六十人余の職工が働いていて、刻み煙草二十九万七千貫、紙巻き煙草十六億八千三百万本を製造していたそうです。

明治四十一年、山崎練兵場跡一帯は新市街として整備が終わり、新町名が付けられます。花畑町、桜町、辛島町、練兵町、行幸町、天神町がそれです。軽便鉄道は市電となって市民の足となります。

昭和三年には市電の市役所前～辛島町間が、それまでの長塀前～専売局前を経由する路線から東側の歩兵二十三連隊跡地の中央を突っ切るルートに変更されます。

やがて一帯は、公会堂、貯金局、花畑公園、勧業館、銀丁百貨店が立ち並び、さらに新市街へ映画館が進出。専売局の煙草工場には若い女性が多く働いていたため、一帯の商店や飲食店はにぎわっていきます。専売局の立地が新市街発展の大きな契機となります。

熊本地方専売局の庁舎と煙草工場

明治末期、赤煉瓦造の煙草工場が建設され、中央の専売局庁舎（事務棟）は昭和になって建てられました。昭和３年３月までは同工場前（東側）の道路を市電が走っていました。写真の右側が公会堂と行幸橋方面です。／『熊本地方専売局写真帖』から

市民の憩いの場となった花畑公園

ベンチに腰を下ろしてくつろぐ人たちや乳母車をおす人がいて、セーラー服姿の女の子が肩を組んで歩いています。戦争前の平和なひとときの風景です。正面のクスの巨木は代継神社ゆかりのご神木。左の建物は勧業館、クスノキの右側が専売局庁舎と赤煉瓦の煙草工場。勧業館が落成するのは昭和５年４月なので、それ以降の風景です。／絵葉書

完成間もないころの熊本市公会堂

大正の初めにできたそれまでの公会堂（日本館）を解体し、昭和天皇の御大典記念事業の一環で昭和４年（1929）８月に起工、翌５年10月に完成しました。地下１階地上４階、部屋数41の堂々とした近代建築です。／絵葉書

近代～現代 ―変わっていく花畑一帯

花畑公園の向かいに新県庁

昭和25年、煙草工場跡地に

昭和二十年（一九四五）七月一日、米軍機の空襲で熊本市の中心市街地の三分の一ほどが焼け野原になります。現在の白川公園にあった県庁舎が焼失。その後、熊本市公会堂を仮の県庁舎とします。

市街地のほとんどが焼けてしまった花畑町や新市街、下通はがれきの山でした。焼け跡の膨大な量のがれきは、戦災復興事業で周りより低地だった追廻田畑一帯に埋め立てられます。戦前までは高低差があった花畑町と下通はほぼ平坦に整地されたのです。その上に新しい街づくりが進められ、今日の銀杏通り、栄通り、銀座通りが出来上がっていきます。

『熊本の昭和史　年表』によると、二十年十月にまとまった熊本市の復興構想で、熊本城を緑地公園とし、新県庁を専売局跡に建設する案が盛り込まれます。翌年七月に早くも同跡地に新県庁舎の南別館が落成、土木部と経済部の七課が移転。二十三年九月、新県庁舎中央本館が完成します。二十四年六月、県中央保健所も開所。七月には木造二階建ての県会議場が竣工し、八月の定例会から使用しました。

二十五年三月になって新県庁舎の東・南・北本館が落成。翌月、熊本県庁の位置に関する条例で正式に熊本県庁の位置を行幸町に決めます。別棟で国警本部（二十九年から県警本部）もありました。かつての広小路を挟んで花畑公園と県庁が東西に向かい合うかたちになったのです。

当時の町名は行幸町でしたが、四十年四月から行幸町の全域をはじめ、天神町、旧桜町などを含め「桜町」に町名が変更されます。

空襲で焼け野原となった新市街・花畑町

昭和20年7月1日、米爆撃機から落とされた焼夷弾で熊本市の中心部が焼失します。写真中央の樹木群が花畑公園。／熊本日日新聞社蔵

桜町の県庁

昭和25年3月、花畑公園の向かい、行幸町（のち桜町）に新しい県庁舎が完成します。木造2階建てです。かつての専売局煙草工場時代の建物も少し残っていました。下方の樹木が茂っているところが花畑公園。写真右が行幸橋・熊本城方面です。坪井川を挟んで第一高校や中央郵便局が見えます。この写真は、昭和38年2月、放火による火災で焼失した木造2階建ての別館（農林部）が写っているので、それ以降の空撮。／熊本日日新聞社蔵

近代～現代　―変わっていく花畑一帯

花畑公園ではイベントも

県庁周辺にバス発着所

映画館や飲食店が集まっていた熊本市の新市街も昭和二十年の空襲でがれきと化しました。戦後間もなく、現在の辛島公園付近にヤミ市ができ、花畑町・桜町（当時は行幸町）一帯が活気づきます。しかし、ヤミ市は徐々に強制撤去され、雑貨市場に変わっていきます。

環境が一変するのは二十五年（一九五〇）三月、専売局煙草工場跡地に新しい県庁が完成してからです。九州産交、熊本市営、熊本電鉄、熊延鉄道（現熊本バス）の各バス会社のバス発着所が花畑町・辛島町・新市街にあり、県庁前が県内交通の起点となります。多くの人たちが県庁周辺を行き交うようになり、県都の復興を印象づけます。三十四年には辛島公園も開設されました。

江戸時代以降、変わらなかったのが往時の名残をわずかにとどめる花畑公園です。明治から大正にかけて陸軍の軍用地となり、昭和の戦争では米軍機からの焼夷弾投下にもさらされましたが、奇跡的にこの一角の樹木群は戦禍をのがれました。二十八年の六・二六水害、平成に入ってからの二度の大型台風でも大クスは持ちこたえました。今日の緑陰は、花畑屋敷ゆかりの公園を残したいと願う人たちの努力で命脈をつないできたと言えるでしょう。

県庁と向かい合った花畑公園では多くイベントも行われます。県民盆踊り大会や屋外テレビ放送、コンサート、素人のど自慢大会などです。さまざまな集会も開かれ、県庁前の通り（広小路）はデモがあったり、昭和三十九年（一九六四）には東京オリンピックの聖火リレーも通りました。

熊本城の天守閣が再建され、県庁前の通りからかつての雄姿が望めるようになったのは昭和三十五年九月からです。

県庁前に五輪の聖火リレー

昭和39年9月12日、鹿児島から国道3号を北上してきた東京オリンピックの聖火が県庁に到着。県庁・花畑公園前の通りは観衆で埋め尽くされ、肝心の聖火が見えません。次の走者に引き継がれた聖火は長洲港へ向かいました。／熊本日日新聞社蔵

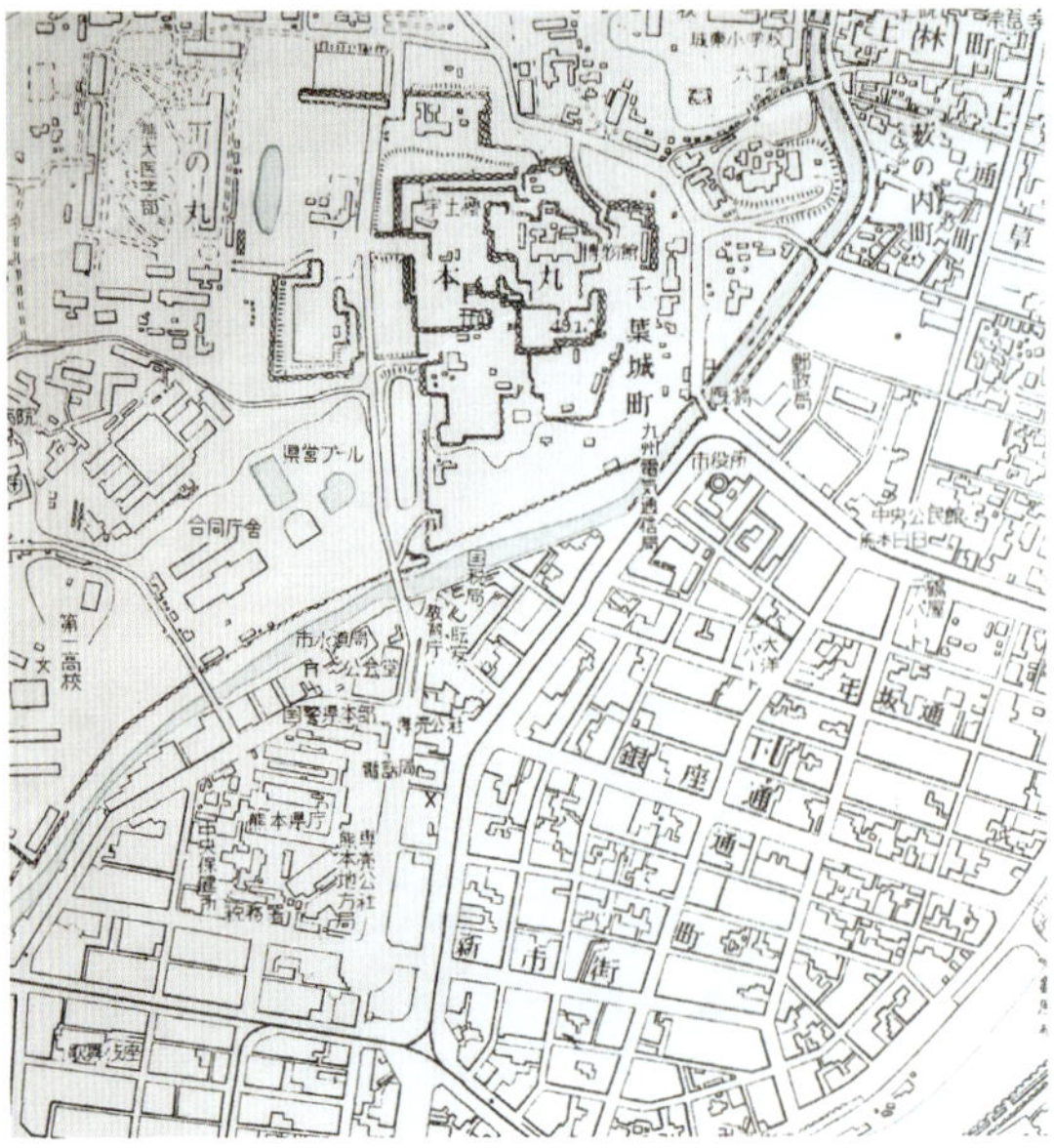

熊本市都市計画図（昭和34年）

県庁舎はアルファベットのEを裏返したような形です。行幸橋のたもと、公会堂の向かいには旧公会堂の洋館を移築した教育庁（県教育委員会、現国際交流会館）がありました。／県立図書館蔵

花畑公園に屋外テレビ

テレビが高価だった昭和30年代、人々は街頭テレビに群がりました。花畑公園でも屋外テレビが設置され、人気を呼びました。NHKが熊本でテレビ放送を開始したのは昭和33年（1958）2月。翌年4月にはラジオ熊本（36年に熊本放送＝RKKに社名変更）が続きます。大相撲、プロ野球、プロレスの各中継が人気だったそうです。写真は昭和34年。／熊本日日新聞社蔵

昭和44年、交通センター開業

「東洋一」のバスターミナル誕生

高度経済成長期を迎え、手狭になった桜町の県庁舎は昭和四十二年（一九六七）三月、出水町・神水《くわみず》町（現中央区水前寺六丁目）の農林省蚕糸試験場九州支場跡地に新築移転します（同支場は植木町に移転）。県庁が移転した跡地には熊本交通センターが建設され、昭和四十四年（一九六九）三月五日に開業しました。

交通センターの敷地は約二万二千平方メートル。地下一階、地上七階の本館と地上三階の別館二棟からなり、延べ床面積二万六千平方メートル、総工費は三十五億円でした。バスセンターは三十六台が同時に発着できる日本一のバスターミナルで、本館の地階と二階が名店街、三～六階がホテル。別棟のボウリング場もあり、総合ターミナルとしては開業当初「東洋一」といわれました。

交通センターが熊本の公共交通網の要となったことで、同センターの南東の角地に昭和四十八年（一九七三）十月十八日、岩田屋伊勢丹ショッピングセンターが開業（四十九年七月、百貨店に衣替え）。同時に交通センター名店街もリニューアルして「熊本センタープラザ」がオープンします。

岩田屋伊勢丹のエレベーターは外の景色が見えるシースルー構造で、眼下に花畑公園、その先に熊本城天守閣を見ることができ、一階の乗り場前には行列ができたものです。同七階には休憩スペースも設けられ、買い物の合間に展望を楽しむ人たちでにぎわいました。

その後、熊本岩田屋、くまもと阪神、県民百貨店と名称を変えて営業を続けましたが、平成二十七年（二〇一五）二月二十八日に閉店。一時期は多くの人たちでにぎわった地下商店街「センタープラザ」は同三月末に、交通センターホテルも同年六月末で閉鎖され、バスターミナルは花畑公園西側の道路（市道）に移りました。交通センターは約四十五年の歴史と閉じたのです。しかし、ラジオやテレビCMで流れていた「♪いつまで～もセンタープラザ」のメロディーは多くの人たちの耳に残っていることでしょう。

かつての交通センター一帯では現在、桜町と花畑町を一体的に再開発するビッグプロジェクトが進行中で、二〇一九年には熊本城ホール、共同住宅、商業施設、ホテルなどからなる大型複合拠点が完成する予定です。

センタープラザの地下にあった泉の広場。
待ち合わせの場所でした。

熊本交通センターと岩田屋伊勢丹

岩田屋伊勢丹のオープン間もない昭和48年ごろです。上通と下通に次ぐもう一つの都市の核ができました。左端は花畑公園の樹木です。／九州産業交通ホールディングス提供

県民百貨店の7階の休憩スペース。北側に窓があり、天守閣や本丸御殿大広間、飯田丸五階櫓の一部、馬具櫓が見えました。

県民百貨店の7階から見下ろす花畑公園（右）と交通センター。公園に隣接した駐車場は今日、NHK熊本放送局が建っています。（閉店前の平成27年2月15日撮影）

「熊本城と庭つづき」がコンセプト

桜町地区の都市再開発

屋上には「現代の陽春庭」

江戸時代は武家屋敷が軒を連ね、維新後は広大な練兵場、明治末からは巨大な赤煉瓦造の煙草工場があった桜町。第二次大戦後は二十年ほど県庁が置かれた後、バスターミナルの交通センターとホテル、百貨店などが立地していました。

各施設の完成から四十年が過ぎようとしていたころ、施設の耐久性や規模、機能などを見直す都市再開発の機運が持ち上がり、平成二十年（二〇〇八）に再開発準備会社が発足します。

二十六年五月、準備会社が事業主体となる熊本桜町再開発株式会社に商号を変更。そして二十九年二月には、熊本市都市計画桜町地区第一種市街地開発事業の起工式が行われました。再開発事業の敷地面積は、交通センターや県民百貨店跡地など約三万二百平方メートル。地上十五階、地下一階の巨大なビルの建設工事が進んでいます。再開発ビルはバスターミナル、商業施設、シネコン、ホテル、共同住宅、公益施設（熊本城ホール）、駐車場（八百三十六台）で構成されます。

同事業は「熊本城と庭つづき」が都市デザインのコンセプト。かつての山崎町から坪井川の下馬橋前まで広い空間があった広小路をシンボルプロムナードと位置づけ、今後一体的な整備が進む予定です。再開発ビルの外観も低層部は熊本城の長塀をモチーフとし、段丘状の商業デッキが屋上につながり、熊本城との関係性を持たせるデザインです。さらに屋上には、花畑屋敷にあった陽春庭を「現代の陽春庭」として再現。四百年の歴史をつなぐ周遊と交流の複合拠点が二〇一九年夏に完成予定です。

なお、同事業は「熊本市震災復興計画」（平成二十八年十月策定）で復興重点プロジェクトの一つに位置づけられました。熊本市議会の承認を受けて熊本市が再開発事業者から熊本城ホールを購入。一階がイベント・展示ホール、二階はシビックホール（多目的ホール）、三階は会議室で四〜六階が約二千三百席のメインホールです。

シンボルプロムナードの完成予想図
辛島公園から熊本城まで一直線につながる広い空間が出現します。
／熊本市都心活性性推進課提供

桜町再開発事業の完成予想図

曲線が重なる段丘状のデッキがあるのは商業施設で、左の高層階がホテルと共同住宅。／熊本市都心活性推進課提供

桜町再開発ビル前から熊本城を望む

花畑公園前の広い道路が桜町再開発ビルとお城をつなぐシンボルプロムナードに整備されます。

現代の陽春庭

桜町再開発ビルの屋上西側には、かつて花畑屋敷の陽春庭が再現されます。／熊本市都心活性推進課提供

近代～現代 ― 変わっていく花畑一帯

桜町地区の都市再開発

空間をつなぎ、歴史もつなぐ拠点

桜町再開発事業で誕生する複合施設は、公益施設の熊本城ホールやシネコン、バスターミナル、商業施設に加え、ホテル（二百五室）と共同住宅（百五十九戸）などが一体となっています。建設工事も順調に進行中。完成後は熊本市中心市街地の人の流れを大きく変えると予想されています。

曲線を生かした施設外観は圧迫感をやわらげ、新しいランドマークです。ここには毎日数万人のバス乗降客や観光客、地域の人たちなどが行き交うでしょう。シンボルプロムナードの整備で同施設と熊本城が直結。空間をつなぎ、歴史もつなぐ拠点がもうすぐ誕生するのです。

メインホールは2300席

複合施設のなかでも注目されているのが熊本城ホール。メインホールの固定席は約二千三百席。中心市街地最大規模の交流の場、発表の場として、文化催事や市民主体のシンポジウム、地区大会などに使用できます。市民の文化芸術活動の発展に貢献するオンリーワンの「賑わい交流施設」で、〝新生〟熊本城ホールの象徴となる空間が目指されています。

さらに、災害時の帰宅困難者の受け入れ拠点として防災面での機能強化が図られています。

（写真はいずれも完成イメージパース／熊本市都心活性推進課提供）

エントランス
東向きで、シンボルプロムナードに面しています。

メインホール
4～6階。舞台から客席を見ています。固定席で2300席。

2階コンコース
天井と床面は木を生かしたデザイン。中央は吹き抜けになっています。

バスターミナル1階乗降場
行き先別に26のバースがあります。

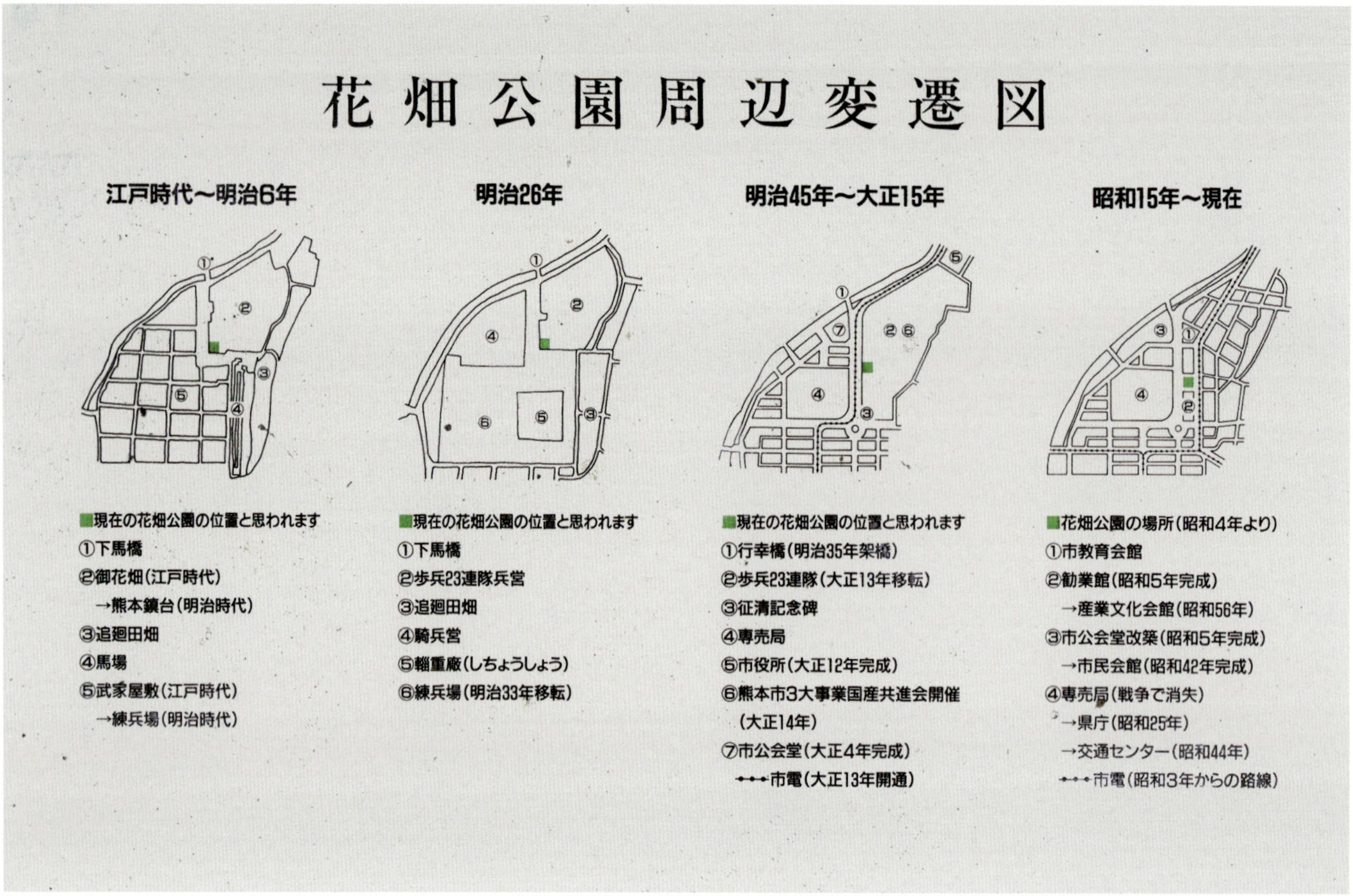

花畑屋敷

今日では想像できない広さ

電車通りが跡地中央を縦断

花畑公園の説明板

周辺変遷図と花畑屋敷、陽春庭の説明板。公園西側の歩道にあります。変遷図を左から順に見ていくと、花畑町・桜町一帯の移り変わりが分かります。

花畑公園の西側、再開発事業が進んでいる道路に面して「花畑公園周辺変遷図」という説明板があります。平成五年（一九九三）に設置されたものです。江戸時代から同年まで、同公園周辺（桜町、花畑町、山崎町、辛島町）の町の移り変わりが四つの地図で表されています。「江戸時代～明治6年」から「昭和5年～現在」まで左から右に見ていくと、それぞれの時代、どこにどんな施設があったかが地図上でたどれ、この百五十年間でいかに町の様子が変わったかが分かります。

坪井川を挟んだ熊本城の南側一帯は、花畑屋敷が

電車通りと花畑町・市民会館前電停

写真右側の樹木群が花畑公園。電車通りは花畑屋敷跡のほぼ中央を南北に突っ切っています。電車通りも左側のビルもかつての花畑屋敷跡で、陽春庭がありました。正面の建物は肥後銀行本店。

できた約四百年前から一貫して重要な地域でした。それはこの変遷図が示しているとおりですが、同屋敷跡があまりにも広すぎて規模の実感がわかないのも事実です。昭和三年（一九二八）以降、花畑屋敷跡地のほぼ中央を電車通りが南北に縦断しており、屋敷の全容をなかなかイメージできないのがその理由だと思われます。広い電車通りで屋敷跡が東西に分割されていて、花畑屋敷があった場所がとらえにくくなっているのです。

そのうえ、明治初期から同屋敷跡地一帯が陸軍の兵営となり、大正十三年（一九二四）まで半世紀以上も軍用地（練兵場）だったことが影響しているのでしょう。近代は〝軍都熊本〟として発展したため、熊本市民、県民の多くにこの地がなんとなく「昔は練兵場があったところ」という認識が受け継がれてきたのかもしれません。

変遷図の左側に永青文庫蔵の「御花畑御絵図」と「陽春庭中之図」を複製した説明板も設置されています。しかし、公園内に往時を想像できる建物や遺構もないので、全体像が浮かんでこないのです。「屋敷の西南端の一部だけが、今日の花畑公園」「かつての花畑屋敷はずっと広大で…」といわれても、ピンときません。屋敷の敷地北端は坪井川沿いの長塀通りに達し、東は銀杏通りあたりまで広がっていたとされます。北側は川があるので分かりやすいのですが、東側は実際にどこまでが花畑屋敷の敷地にあたるのか、明確ではありません。

花畑屋敷の東側一帯は、かつて追廻田畑と呼ばれた低湿地で、戦前まで屋敷地と一・五メートルほどの段差があったといわれています。『熊本の消えた地名』（熊日新書）の「追廻田畑」のページには、「戦後、空襲の瓦礫で埋め立ててかさ上げされた」とあります。土地に溝を掘るトレンチ調査程度では、江戸時代の遺構に到達できないのです。かつての境界は人知れず地下深くに眠っています。

明治の早い時期に軍用地となった熊本城と旧花畑屋敷。熊本城域は昭和二十年まで陸軍の所轄地で、石垣や櫓など明治初期の遺構が保存されていました。一方、花畑屋敷跡は昭和になってから市街地が形成され、全体として「跡地」をとらえることができなくなりました。さらに昭和三十五年（一九六〇）九月に熊本城天守閣が再建されると、圧倒的な存在感で一躍熊本の観光の目玉となります。花畑屋敷や陽春庭の話題は、もはや語られなくなっていきます。

花畑公園に残る推定樹齢七百年の大クスだけが、この間の歴史を見てきました。平成二十八年（二〇一六）、「熊本城と花畑町・桜町の歴史をつなぐ」をコンセプトに桜町再開発事業がスタートし、忘れられていた花畑屋敷に再び光が差します。再開発ビルの屋上に「現代の陽春庭」が再現されるのです。再開発事業が終了し、熊本城と花畑町・桜町をつなぐシンボルプロムナードが完成したら、そこを行き交う人たちによって四百年の歴史が語り継がれるでしょう。

御入国御行列之図（部分）

長い絵巻のうち、細川韶邦（慶順、のち藩主）が乗った駕籠を描いた部分です。駕籠担ぎは前後３人ずつ。御小姓役や御歩（おかち）役など50人ほどの家臣が駕籠の周りをがっちり固めています。／永青文庫蔵

細川家の参勤交代

花畑屋敷と江戸を結ぶ

大名行列を伝える「御入国御行列之図」

藩政時代、藩主は参勤交代のため一年おきに江戸と領地との生活を繰り返します。細川氏の国許《くにもと》での生活の場が花畑屋敷です。藩主は、江戸から多くの家臣を引き連れて熊本に帰ってきました。

この情景を今日に伝えるのが「御入国御行列之図」と題された絵巻（永青文庫蔵、熊本大学附属図書館架蔵）です。肥後熊本藩最後の藩主、江戸で生まれた細川韶邦《よしくに》（慶順）の初の御国入りで、花畑屋敷に向かう様子が描かれています。

韶邦は万延元年（一八六〇）九月十九日に江戸をたち、十月二十四日に熊本に着きます。御供の家臣は総勢千百八十六人でした。

一行は船で豊後鶴崎（現大分市）までやってきて、豊後路から熊本に向かいました。絵巻に描かれているのは、城下近くまでやってきた藩主を、出迎えの家臣が子飼の小《こ》旛《ばた》宮から花畑屋敷前まで、延々と三キロ余りの道の両側に立ち並んで待つ様子です。

城下に入った行列は、坪井立町・内坪井の構口を通って京町観音坂を上り、新堀を渡って城内に入ります。城内では二の丸を突っ切るかたちで時習館・長岡佐渡屋敷前を過ぎると、大手門堀端から慶宅坂を下って下馬橋を渡り、花畑屋敷に向かっています。

中心となるのは藩主の駕籠《かご》です。藩主の周囲には御近習《ごきんじゅう》といわれる主君の側近くに仕える小姓役・取次・用人・右筆《ゆうひつ》・茶道方・医師など、多くの家来が取り囲んで随行しています。

この絵巻が完成したのは、明治八年（一八七五）秋のことです。韶邦の実母である顕光院の強い希望のもと画工の大久保雪貢が描いて、顕光院の住む砂取邸に献上したものです。

この後、絵巻は希望者に書写することが許されます。同じ絵巻が熊本大神宮や大分市の劔《けん》八幡宮にもあるのは、そのためです。旧藩時代の雄々しい藩主行列を知ることのできる資料として、現在まで大切に伝えられてきたのです。

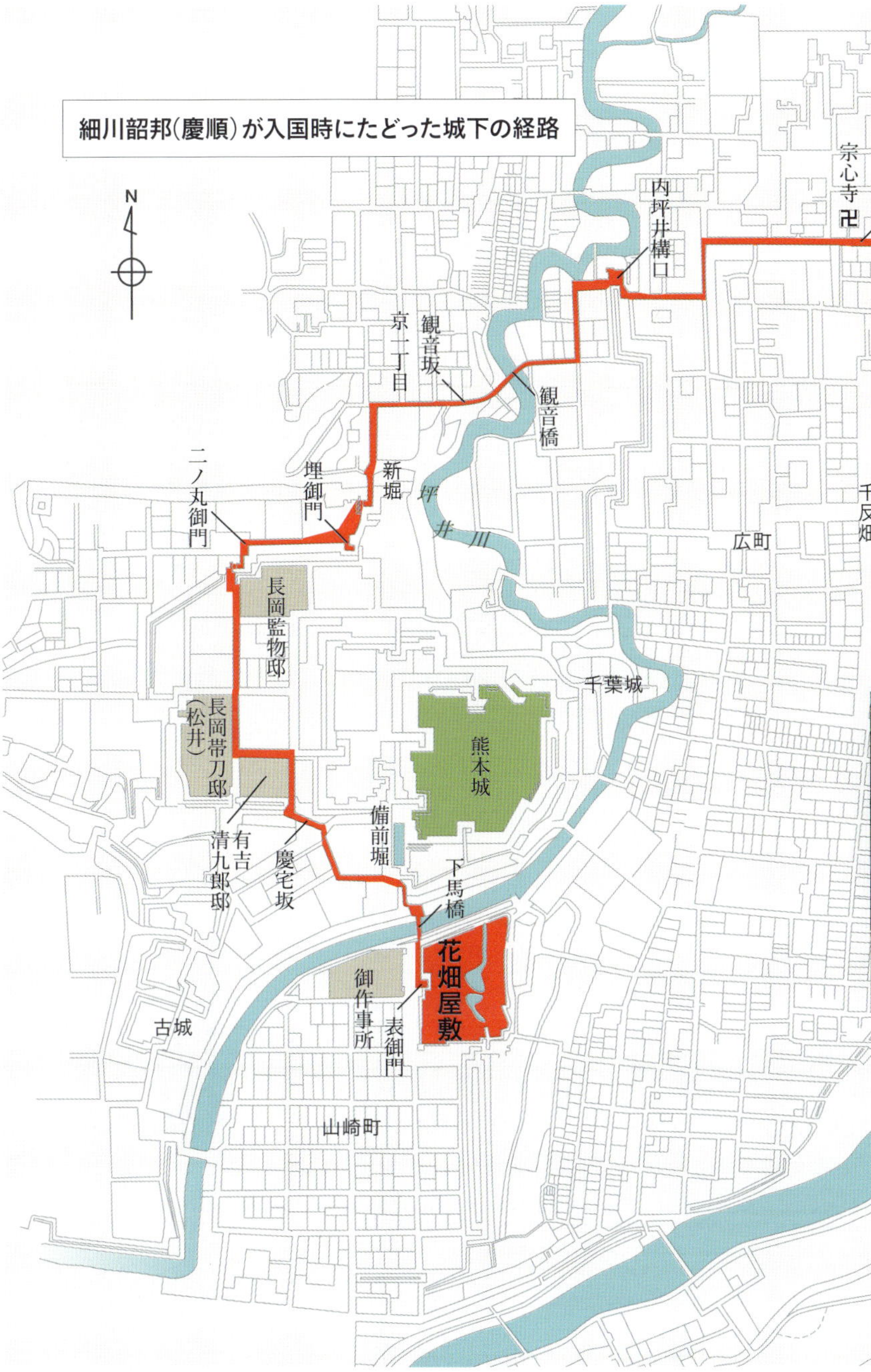

小旛宮

藩主の行列を迎える家臣たちは、花畑屋敷前から子飼本町の小旛宮前まで3km余りの道の両側に並んでいました。境内の位置は江戸時代と変わらず、鳥居は旧豊後街道（県道337号熊本菊陽線）に面しています。かつては境内にあるイチョウの大木が目印になって、京町の台地から同宮の位置が分かったそうです。道路面より少し高くなっていて、昭和28年の6.26水害にも遭っていません。熊本市中央区。

未申櫓と慶宅坂

桜の馬場城彩苑の北側を通り、二の丸に続く緩やかな坂道です。写真左が空堀。

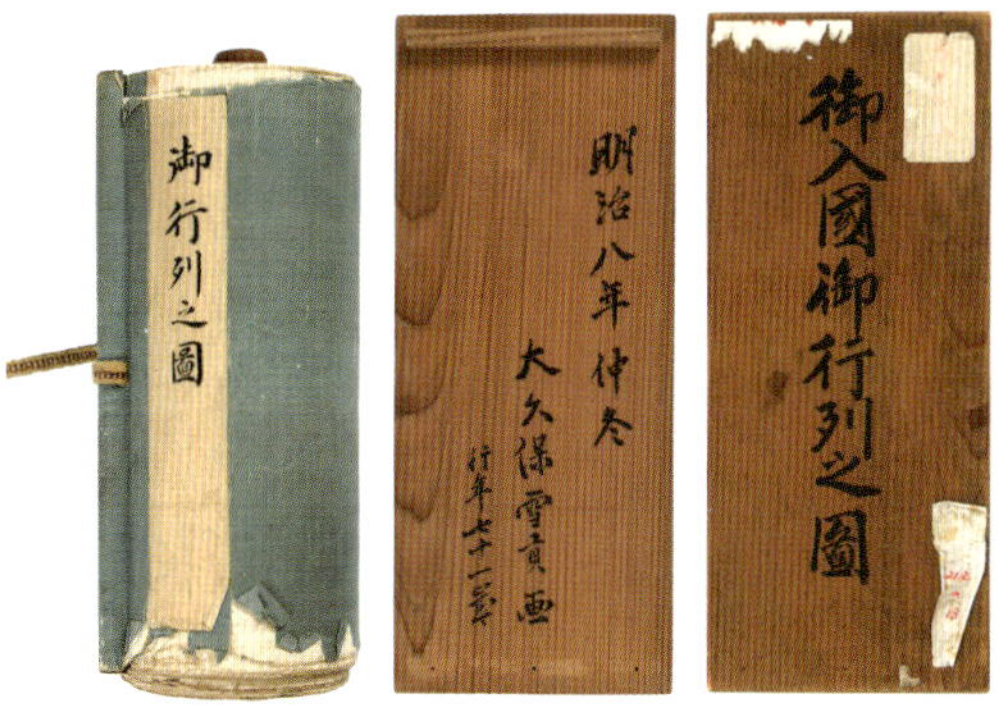

御入国御行列之図

共箱（右）と巻き戻した状態の「御行列之図」。箱には「明治八年」とあります。

細川家の参勤交代

江戸と国許を隔年ごとに往復

熊本から江戸まで1120km

参勤交代とは、江戸と国許熊本を隔年ごとに往復する制度です。幕府の大名統制の一つで、寛永十二年（一六三五）徳川家光将軍のもとで武家諸法度を改正し制度化されたものです。

参勤交代の時期は四月。各藩とも負担の重さに耐えながら知恵を出し、幕命を果たしていきます。

参勤交代には藩財政の半分を要するといわれるように、藩の財政は相当圧迫されていきます。熊本藩でも財政難の折、参勤費用の調達ができず、参勤延期願を出して、ようやく発駕できた例など苦労も多かったようです。

熊本藩の参勤コース
豊後と豊前の2街道を利用

熊本から江戸まで、およそ二百八十里（千百二十キロ）といわれてきました。その参勤コースは大津～内牧～豊後《ぶんご》（大分）鶴崎経由の豊後街道と、山鹿～小倉経由の豊前街道の大きく二つのコースがあります。

肥後細川家初代の忠利から幕末まで参勤交代が行われますが、忠利と二代光尚まではすべて豊後街道で、三代綱利の時代からは山鹿～小倉経由の豊前街道を行く参勤交代が始まっています。

豊後街道の場合は豊後鶴崎（肥後領）から航路で兵庫の室津《むろのつ》まで行き、上陸の後は陸路で大坂～京都～江戸へと向かっています。

豊前街道の場合も小倉の大里《だいり》から出航し、兵庫の室津上陸。大坂～京都へ向かっています。

参勤交代の所要日数
33～35日、最短は14日

二百三十年余続いた参勤交代ですが、熊本から江戸までの所要日数も参勤途上での天候や事故（病気）などによって変わってきます。右山幸介氏の研究（「熊本史学」第五十九号）によると、所要平均日数は、参勤三十五日、帰国に三十三日を要しています。

九代細川斉樹は参勤途中の病気のため六十六日も要しています。一方、忠利は寛永十五年（一六三八）天草・島原の乱のため、江戸を一月十二日にたち、道中を急ぎに急ぎ、一月二十五日熊本に着いているので、十四日で熊本に到着。最短日数となっているようです。

二重峠の石畳
豊後街道の石畳道。峠の頂上から阿蘇谷に方面を見ています。大津町。

滝室坂の石畳道
坂梨から阿蘇外輪を越える豊後街道滝室坂の石畳道です。阿蘇市。

参勤交代のルート図（熊本〜江戸）

熊本から豊後街道を行くコースでは、豊後鶴崎の港からの兵庫の室津まで船旅でした。
上陸後は大坂、京都を経て東海道を進みました。

的石の御茶屋跡

二重峠の下、阿蘇谷にある御茶屋。参勤交代の折、ここで休憩をとりました。阿蘇市。

豊後街道今市宿の石畳道（大分市）

二里木のエノキ

豊後街道（大津街道）に残る唯一の里数木です。かつては街道筋の１里ごとに植えられていました。車が通っている左側の道路が旧豊後街道（県道337号熊本菊陽線）。熊本市北区龍田７丁目。

寛延2年参勤の行程（「道中日記」）

2月27日	（花畑屋敷）五ッ時御発駕 大津へ御着座 夕飯後、御機嫌伺へ 塔迫町孫右衛門宅へ宿
28日	大津御発駕、内牧へ御着座 夕方より雨、雷
29日	内牧御発駕、波野小屋寄、久住へ御着座 亭主勝右衛門宅へ宿
3月1日	久住御発駕、野津原へ御着座 ニノ瀬文次宅へ宿
2日	野津原御発駕、鶴崎へ御着座 藤屋又作宅へ宿
3日	鶴崎御船場へ 福寿丸に乗船、夜に入り御本船近所へ下る
4日	鶴崎出船（波奈之丸）、森江へ向う
5日	森江出船 雨天、風で森江へ引き帰る
6日	終日雨天、昼頃深江へ
7日	強風で終日深江へ御逗留
8日	深江御出船、上の関へ御着座
9日	上の関御出船、芸州御手洗へ
10日	御手洗御出船、備後弓削へ
11日	雨天、終日弓削へ御逗留
12日	弓削御出船、備後鞆を通り、備前下津井へ着、出船 で琴ノ浦着、人家なし
13日	琴ノ浦御出船、播州赤穂之城下左に見て、夜播州 シャクシ（坂越）に着

早吸日女（はやすひめ）神社
石鳥居は寛永17年（1640）細川忠利が寄進。赤い総門は元禄10年（1697）細川綱利が建立したもので、大分県指定文化財。大分市佐賀関。

鶴崎御茶屋の模型
肥後藩の御茶屋は堀に囲まれていました。毛利空桑記念館（遺品館、大分市鶴崎）に展示されています。

鶴崎御茶屋跡碑
鶴崎小学校の正門脇にあります。現在、同御茶屋跡は小学校と鶴崎高校の敷地になっています。大友時代の鶴崎城跡です。大分市南鶴崎。

参勤交代の時期
4月、東西の大名が交代

寛永十二年（一六三五）の武家諸法度の改正で、毎年四月に交代することになります。四月には江戸に着き、幕府の許可で登城し、将軍に拝謁。以降一年間は江戸にいて、翌年帰国し領国を治めるというように、江戸と肥後熊本を一年交代で行き来するのです。藩主の妻子は江戸住まいとなっているので、勝手に領国に帰国することはできません。

肥後熊本など西国大名が参勤すれば、東国の諸大名は交代で、東国の各領地に帰国します。

参勤交代の随行の数
最大2700人も

肥後藩では、正保二年（一六四五）二代細川光尚の参勤時には二千七百二十人の随行で、最も多い参勤の例だと思われます。江戸後期になると、随行の数は徐々に減少しています。安永六年（一七七七）の参勤時は五百四十六人、文化九年（一八一二）の下国時は六百九十四人（「熊本県歴史の道調査・豊後街道」）程度までになっています。

14日	シャクシ(坂越)御出船、播州室(港)へ着、上陸
15日	室御発駕、夜加古川へ着
16日	加古川御発駕、夜兵庫(神戸)へ着座
17日	兵庫(神戸)御発駕、夜大坂へ着
18日	大坂御逗留、御奉行様へ御出、本願寺参拝
19日	大坂御発駕、枚方路、淀の御城下を通り、夜伏見へ着
20日	伏見へ御逗留、大仏、八坂の堂、清水寺など参拝
21日	伏見御発駕、大津、石部へ御着座
22日	石部御発駕、関へ御着座
23日	関御発駕、四日市、桑名へ着
24日	桑名御乗船、宮へ御着船
	かさ寺御発駕、夜鳴海へ御着
25日	鳴海御発駕、赤坂へ御着座
26日	赤坂御発駕、浜松へ御着座
27日	浜松御発駕、雨、天龍の渡より合羽を取り
	富士山見ゆる、掛川へ御着座
28日	掛川御発駕、大井川、藤枝を通り岡部へ御着座
29日	藤枝、岡部御発駕、神原(蒲原)へ着
4月1日	神原(蒲原)御発駕、吉原通り、沼津へ御着座
2日	沼津御発駕、箱根越で小田原へ御着座
	箱根権現へ参拝
3日	小田原御発駕、梅沢と申所、あんこう吸物、おだんご、粟餅有り、藤沢へ御着座
4日	藤沢御発駕、川崎へ御着座
5日	川崎御発駕、江戸 田町御屋敷(細川家中屋敷)へ御入り、直ちに御老中御回り、
	昼時分龍口御屋敷(細川家上屋敷)へ御着座
海陸江戸より二八八里 大坂まで陸一三三里　海上一二八里　陸路三一里	

三保の松原から眺める富士山

ちなみに、加賀百万石の前田家では五代綱紀の折、お供の人数は約四千人。一方、仙台藩では四代伊達綱村のとき、延宝三年（一六七五）に三千四百八十人だったそうです（丸山雍成『参勤交代』より）。しかし、江戸後期にはやはり随行者の数は減少しているようです。

参勤「道中日記」より

寛延2年（1749）、6代藩主の細川重賢の初めての参勤交代にお供した堀部次郎左衛門の「道中日記」によると、風雨による逗留などもあり、熊本から江戸まで37日を要しています。

細川忠利と宮本武蔵

剣聖武蔵も花畑屋敷に招かれた

細川忠利像（部分）
矢野三郎兵衛吉重の筆、沢庵宗彭が賛を書いています。寛永18年作。／永青文庫蔵

兵法者、のちには剣聖ともいわれた宮本武蔵は寛永十七年（一六四〇）八月、肥後藩主の細川忠利に客分として招かれ、熊本にやってきます。忠利は武蔵に居宅（千葉城、熊本西年金事務所付近）と米三百石を与えて厚遇。その二カ月ほどのち、武蔵は忠利に従い豊前街道を北上、山鹿温泉の御茶屋に出かけています。

さらに翌十八年の正月二日、熊本城の奥書院や花畑屋敷であった新年の祝賀行事にも招かれています。「昼過御花畑江御さかり、晩に御謡初の御囃子二番過候而、何も御酒を給候へと御意にて…」（「綿考輯録巻五十二」）と、花畑屋敷では謡初めのお囃子があり、酒も振る舞われました。

この間、忠利から「兵法とは」と問われたであろう武蔵は「兵法三十五箇条」を書き始めます。それは「兵法二刀の一流数歳鍛錬仕処…」という序文で始まり、「この道二刀と名付る事」「兵法の道見立処の事」と続きます。武蔵が実戦で会得し、兵法の高みに到達した「二天一流」の伝書です。翌二月、武蔵は書き上げた「兵法三十五箇条」を忠利に献上。喜ぶ忠利の顔が浮かびます。ところが、三月に忠利が急逝するのです。

生涯で初めて得た主君を突然失った武蔵。茫然自失に陥ったのでしょう。門を閉じ、書画や細工で心を静め、寛永二十年十月、岩戸山にある雲巌禅寺の霊巌洞にこもります。ここで「天を拝し、観音を礼し、仏前に向かい」座禅の日々を過ごし、書き上げたのが地の巻、水の巻、火の巻、風の巻、空の巻の五巻からなる「五輪書」。戦いに生きた武蔵の集大成で、二天一流の奥義、神髄、剣を交えたときに勝つためのすべてが書かれています。自筆の書は焼失したと伝えられ、永青文庫のほかいくつかの写しが残されています。

霊巌洞で「五輪書」を書き終えた武蔵は体調を崩し、藩主光尚のすすめで居宅に戻ります。武蔵に残された時間はわずかしかありませんでした。自誓書ともいわれる二十一条からなる「独行道」を書き残し、七日後の正保二年（一六四五）五月十九日、孤高の兵法者は生涯を閉じます。六十二歳だったとされます。「独行道」にある「我事において後悔をせず」や「善悪に他をねたむ心なし」「仏神は貴し仏神をたのまず」などは二十一世紀の今日でも強いメッセージ性を持っています。

晩年の約五年を熊本で過ごした宮本武蔵。墓所とされる武蔵塚（熊本市北区）は参勤交代の行列が通る豊後街道（県道337号熊本菊陽線）沿いにあります。武蔵もまた大勢の家臣と同様、藩主の駕籠を見送り、また出迎えたのでしょう。それは、武蔵が泉下にあっても主家細川家の安泰を見守る気持ちからといわれています。

幕府に熊本の特産品を献上

江戸城で慣例の参勤御礼

宮地和紙

八代ミカン

からし蓮根

小代焼

加勢以多

参勤御礼と献上品

　諸大名は江戸藩邸に到着すると、その旨を幕府に報告して数日休息し、老中の取りなしで江戸城本丸に登営。太刀、脇差、金品などの献上品の目録を捧げ、拝謁して参勤御礼を言上するのが慣例となっています（丸山雍成、同）。

　細川家から幕府への献上品は熊本特産の赤酒、肥後象嵌《ぞうがん》、小代焼、高田焼《こうだ》、川尻刃物、加勢以多《かせいた》、朝鮮飴、からし蓮根、宮地和紙、肥後てまり、来民《くたみ》うちわ、水前寺のり、八代ミカンなどです。

　「文化武鑑」（文化十三年～十四年、細川斉樹藩主）によると、毎月の献上品（時《とき》献上）は次のようになっています。

献上　銀三十枚　巻物十
拝領　銀五十枚　巻物廿　御馬
時献上
　年頭　御太刀御馬代
　正月三日　御盃台
　端午　御帷子　御単物
　八朔　御太刀御馬代
　重陽　御小袖
　歳暮　同断
　正月　桑酒（赤酒）・浜漬鯛
　二月　砂糖漬梅・銀杏
　三月　麻地生酒・塩鴨

肥後象嵌

川尻刃物

高田焼

来民うちわ

朝鮮飴

水前寺のり

肥後てまり

赤酒

四月　かせ板・干鯛
五月　砂糖漬天門冬・粕漬鮒
六月　朝鮮飴・佐賀関鯣
七月　八代染革・丸熟海鼠
八月　索麺・清水苔（水前寺のり）
九月　御志なひ・丸熟海鼠
十月　蜜漬・塩蕨
十一月　菊地《ママ》海苔・糟漬鮎
同月　八代蜜柑・唐海月
十二月　白芋茎・塩煮鮑

参勤交代の経費

藩財政に占める参勤交代経費は、各藩とも五〇%以上を占める藩が多いようです（丸山雍成、同）。

参勤交代の経費は、参勤・帰国の道中経費のほか、江戸在府中の諸経費（江戸経費）が大半を占めるようになっていきます。江戸経費膨張の要因は、将軍や幕閣、その他関係者への献上・贈呈金品の増大、大名同士の交際で生じる贈答の出費増などがあるといわれています。

肥後熊本藩でも参勤交代に年収の半分ほどを要したといわれるように、参勤交代がいかに藩財政を圧迫していたかが分かります（岩本税「肥後藩の参勤交代」、『肥後学講座Ⅰ』所収）。

とくに財政難で苦しんでいた五代細川宗孝のころ、参勤交代の登駕の延期願いを出したり、いったんは豊後の鶴崎港（肥後領）まで行きながら、それより先の路銀の調達ができず、資金対策で御発船を数日遅らせるようなこともありました。

肥後藩の飛び地・豊後鶴崎から播州室津へ

船団で御座船を守り航行

花畑屋敷を出発し、豊後街道を利用した参勤交代は肥後藩の飛び地・豊後鶴崎から船旅です。陸路を歩き、船に乗り、そしてまた陸路の行程はもちろん天候にも左右されました。とくに、海路は時化《しけ》の日には足止めです。一方、無風の日も風待ちで、港で碇《いかり》を下ろすしかありません。

参勤交代ともなれば、藩主が乗る御座船を守る多くの船が船団を組んで航行します。出港・入港のときの鶴崎の港は「海陸行程之図」を見ると、たくさんの船が御座船に従っていたのが分かります。大名行列は海上でも続いていたのです。

熊本から江戸を目指す参勤は、豊後鶴崎の港から出船し瀬戸内海のいくつかの港に寄港。播州室津（現兵庫県たつの市御津町）から上陸します。その後、大坂、京を経て東海道を東に進みました。

海陸行程之図（部分）

3m余の絵巻のうち、「鶴崎」の部分です。鶴崎からの出入港時には豊後岡藩（中川家）の船が水先案内を務めました。この絵をよく見ると、細川家の九曜紋の帆掛け舟に混じり、九州各藩の船も描かれています。文化10年の作。／永青文庫蔵

熊本藩船鶴崎入港絵馬（部分）

剱八幡宮の拝殿には3隻の船に引かれて鶴崎の港に入る藩の御座船「波奈之丸」を描いた大きな絵馬が奉納されています。寛政10年（1798）の作。

剱八幡宮

細川光尚が嫡男の綱利誕生を喜び、社殿造営を命じたといわれています。「熊本藩船鶴崎入港船絵馬」や「御入国御行列図」（写）を所蔵。大分市東鶴崎。

御入国御行列之図

【絵の見方】

御入国御行列之図は一本の絵巻です。行列の絵はすべてつながっていますが、本書では分割して掲載しています。右ページの①から左ページの②につながり、さらに右ページ下の③、左ページの④に続きます。56ページ以降も同じ流れで行列の図を配置しています。絵巻に書かれている文字は読み下し、その文字に対応して上下に置いています。

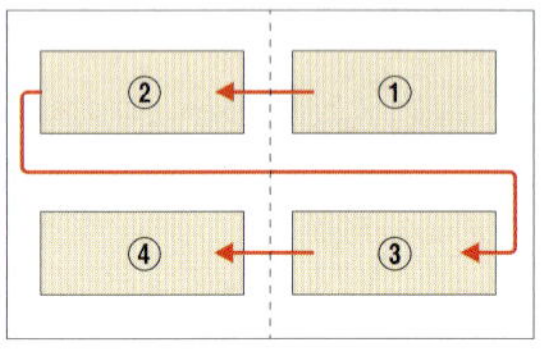

御花畑

御門

御作事所前

御奉行所詰独礼並びに諸御切米取

御勝手方御横目

御目附御横目

御域内方御横目

御堀端

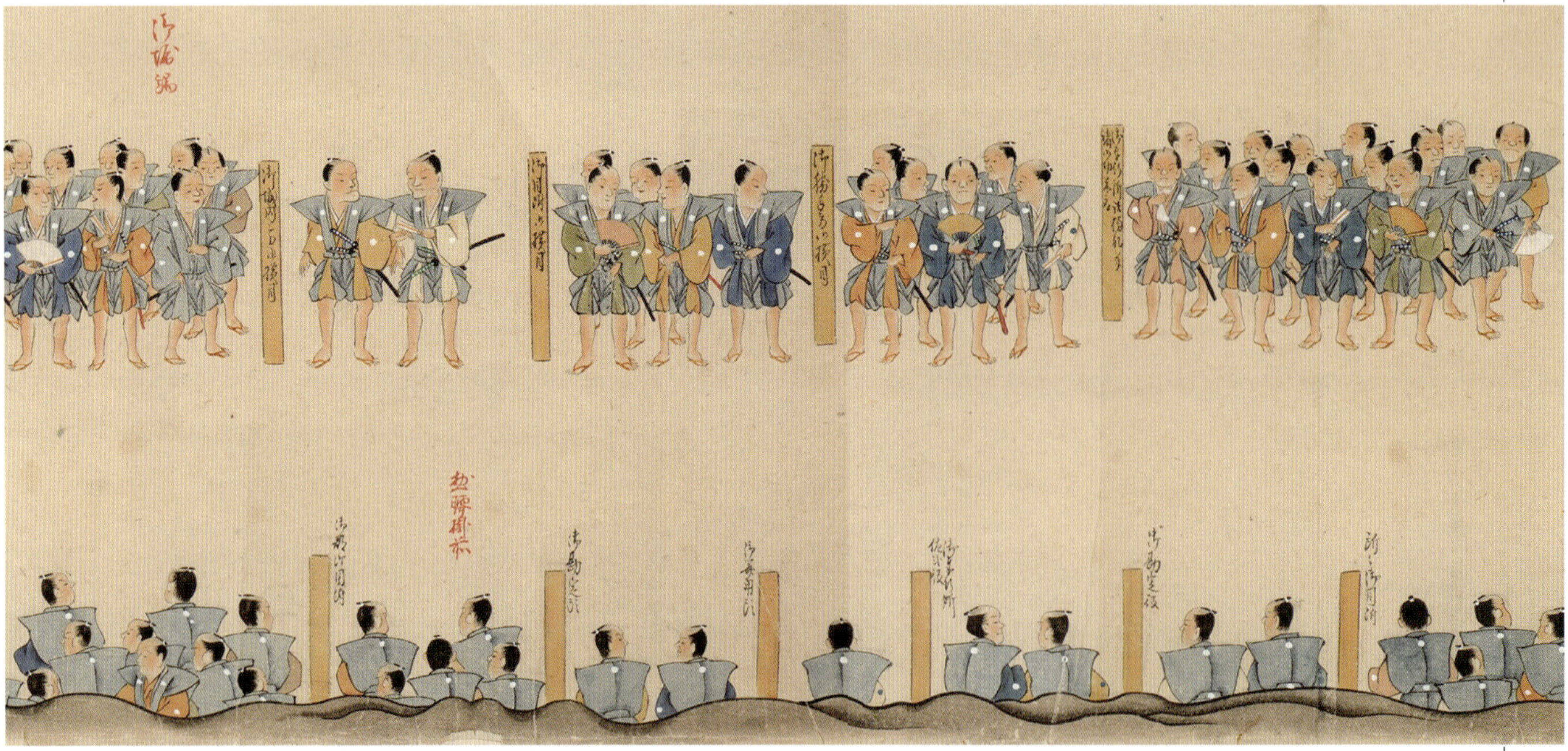

所々御目附

御勘定役

御奉行所佐弐役

御算用頭

御勘定頭

惣腰掛前

御郡御目附

御花畑御長屋下

御裏方御連枝様付き独礼並びに諸切米取

諸間詰独礼並びに諸御切米取

御作事所独礼の御横目御役人並びに諸御切米取

御作事所独礼の根取

御作事所御知行取根取

御作事所御目附

御普請御作事頭

御奉行触れ御知行取御中小姓

再春館御目附

御奉行所御知行取御中小姓根取

御城内へ相詰候諸切米取

御天守方歩御使番列の根取

御天守方御中小姓根取

御天守方御目附

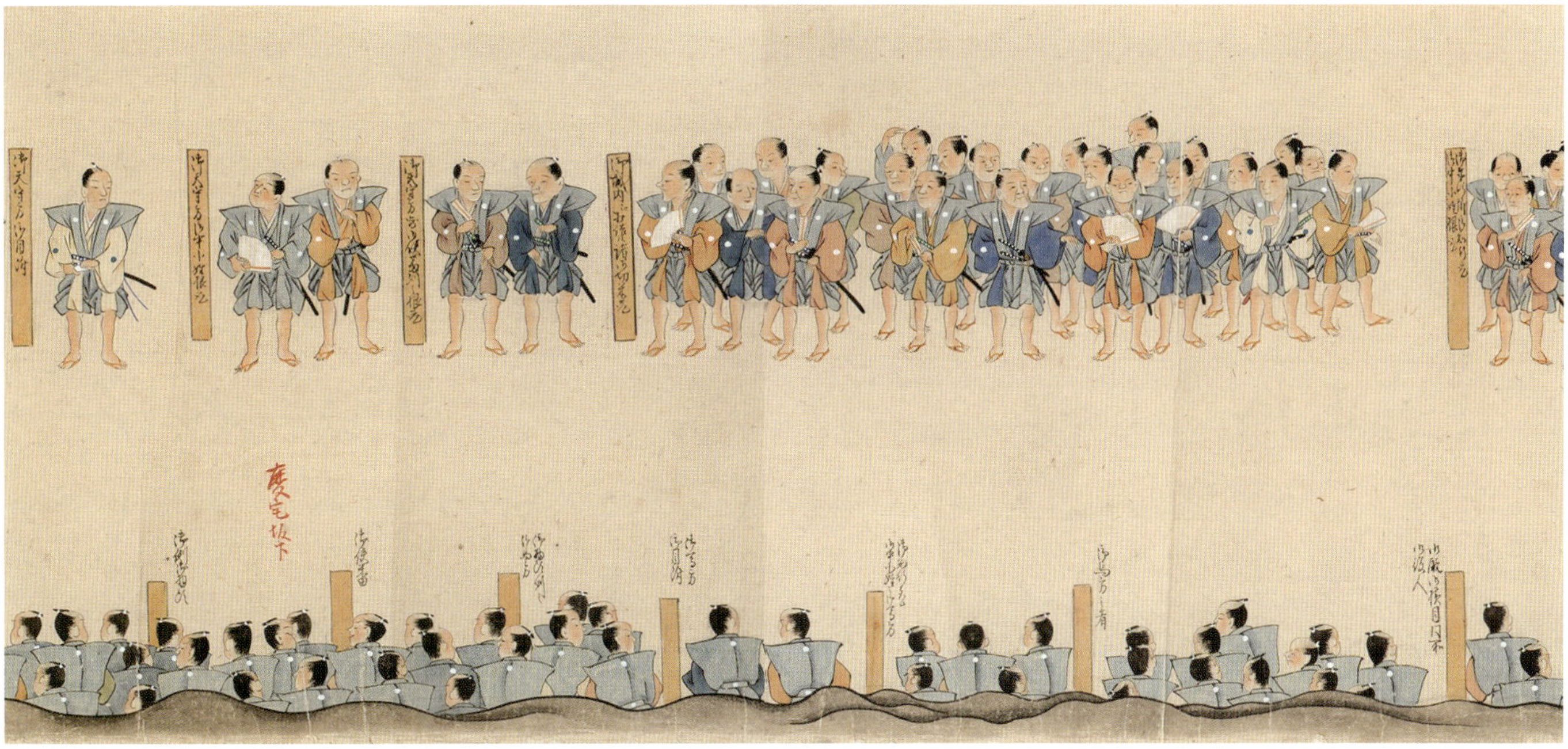

御厩御横目同所御役人

御馬方の者

御知行取御中小姓の御馬方

御馬方御目附

御物頭列の御馬方

御使番

慶宅坂下

御側御物頭

御天守方支配頭

御留守居御中小姓の組脇御留守居御中小姓

御留守居御中小姓の触れ頭

御留守居御番方組共

御留守居御番方組共

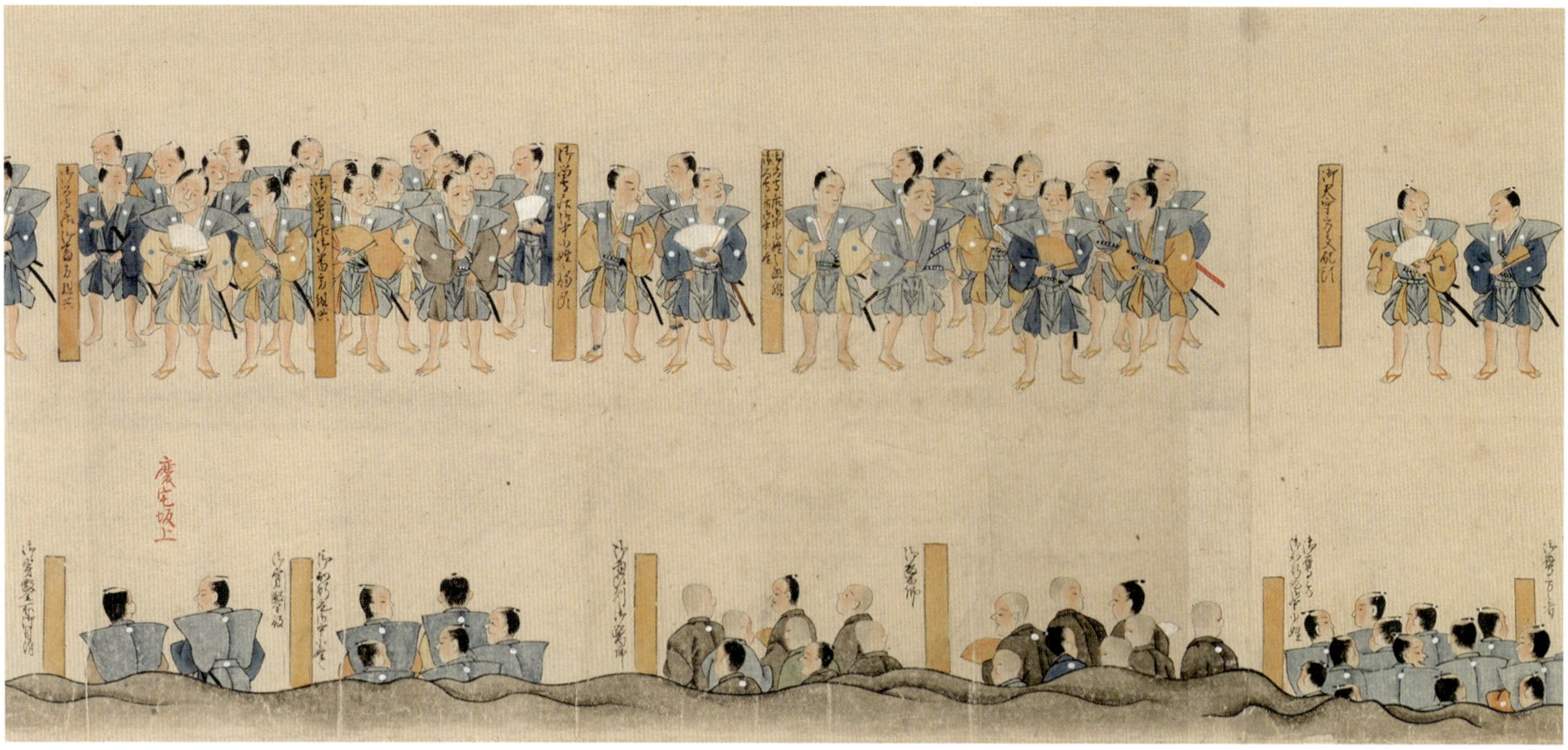

御鷹方の者

御鷹方御知行取御中小姓

御医師

御物頭列の御医師

御知行取御中小姓の御穿鑿役

慶宅坂上

御穿鑿所御目附

御留守居大頭

四番御小姓頭組共

三番御小姓頭組共

二番御小姓頭組共

一番御小姓頭組共

御鉄砲頭

着座

組外

長岡佐渡屋敷前

御備頭

御留守居
御物頭列

御留守居大組附

御留守居
御切米取触れ頭

御留守居着座

大手御門
御堀端

御物頭列

着座嫡子

大組附

御鉄砲副頭

御郡代

御中小姓の
御儒者

学校御知行取
御中小姓

学校御物頭列

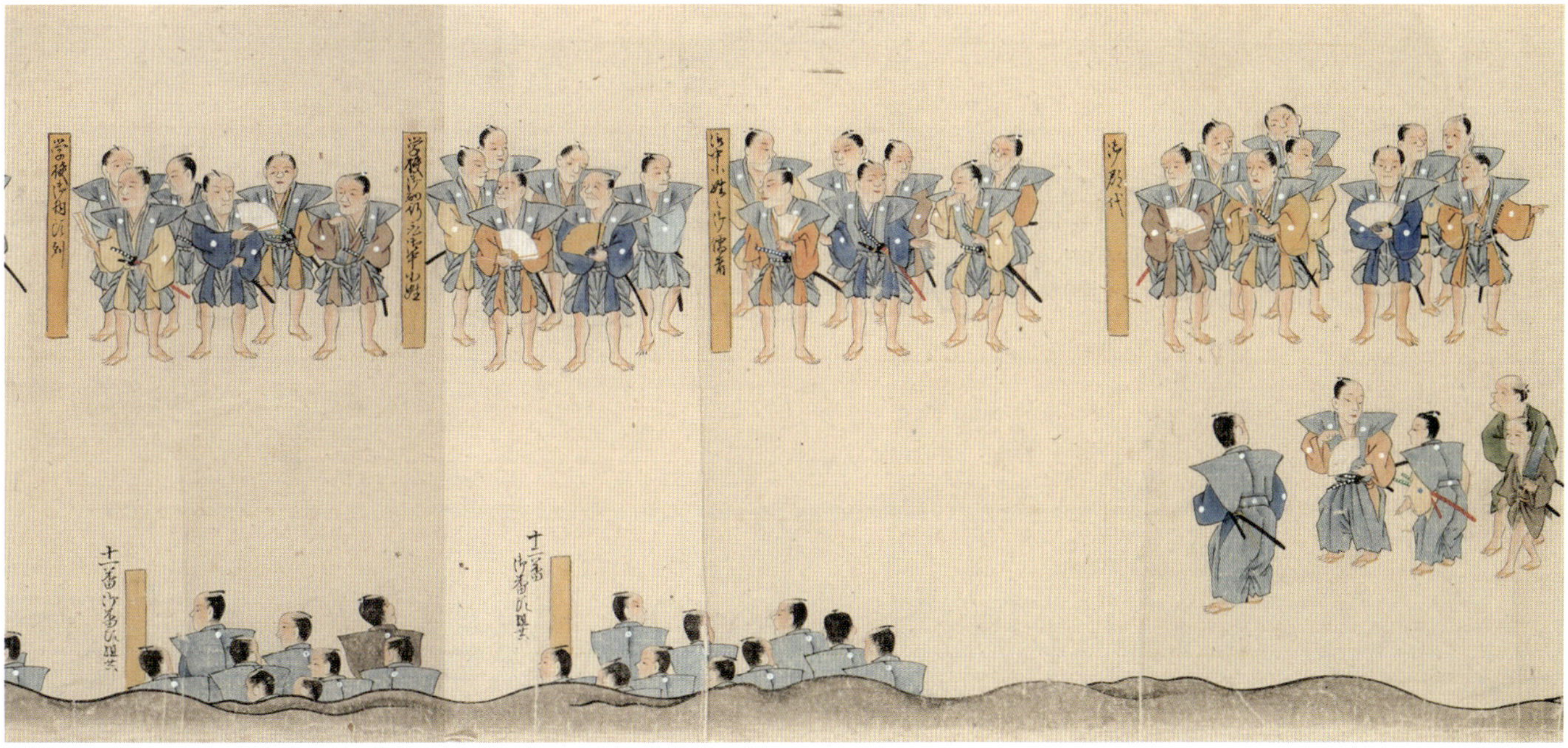

十二番
御番頭組共

十一番
御番頭組共

御物頭列の御儒者

学校御目附

時習館助教

学校北角より

時習館教授

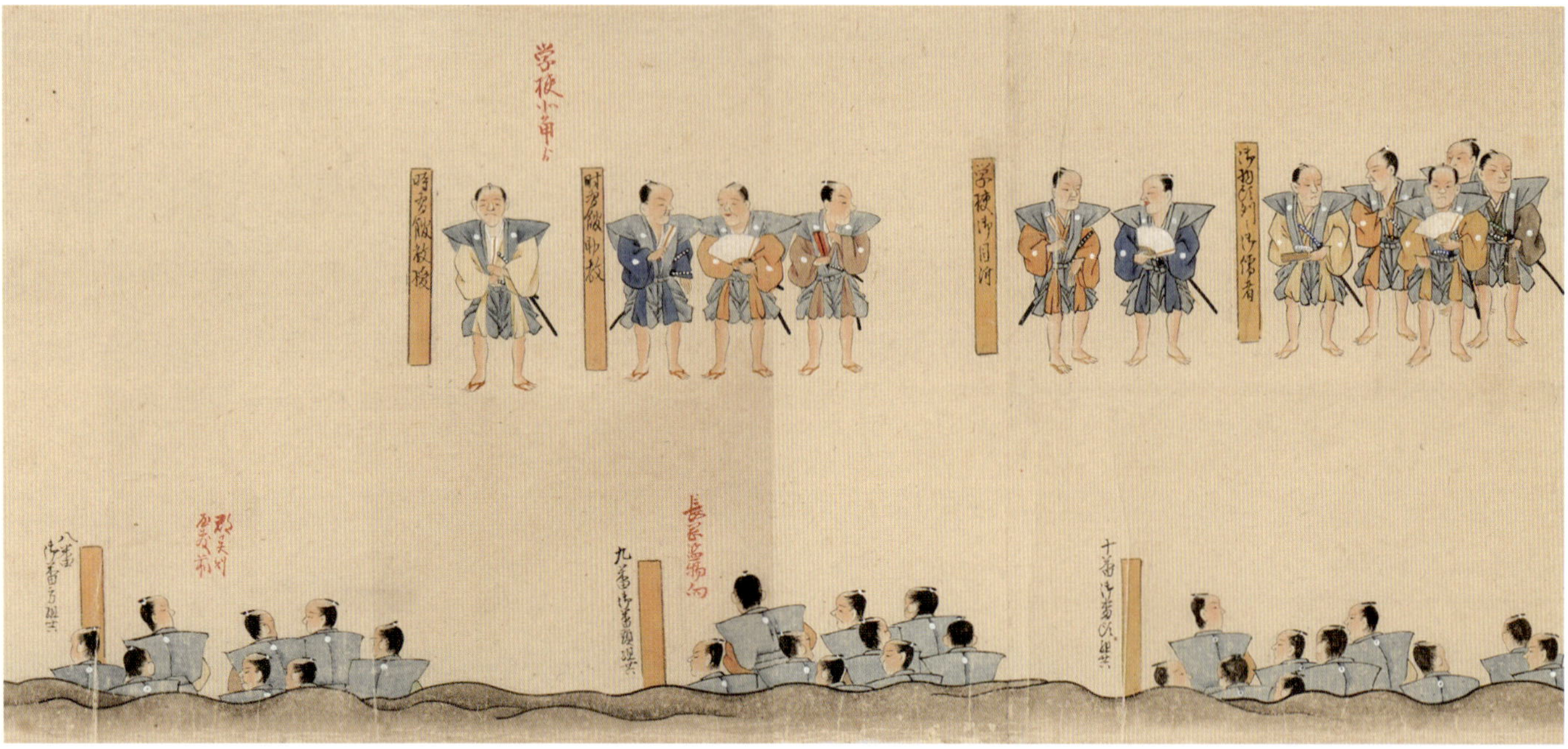

十番御番頭組共

長岡監物向

九番御番頭組共

郡夷則屋敷前

八番御番方組共

新堀東方御堀端

二番御番頭組共

一番御番頭組共

川尻御作事頭

諸町御奉行

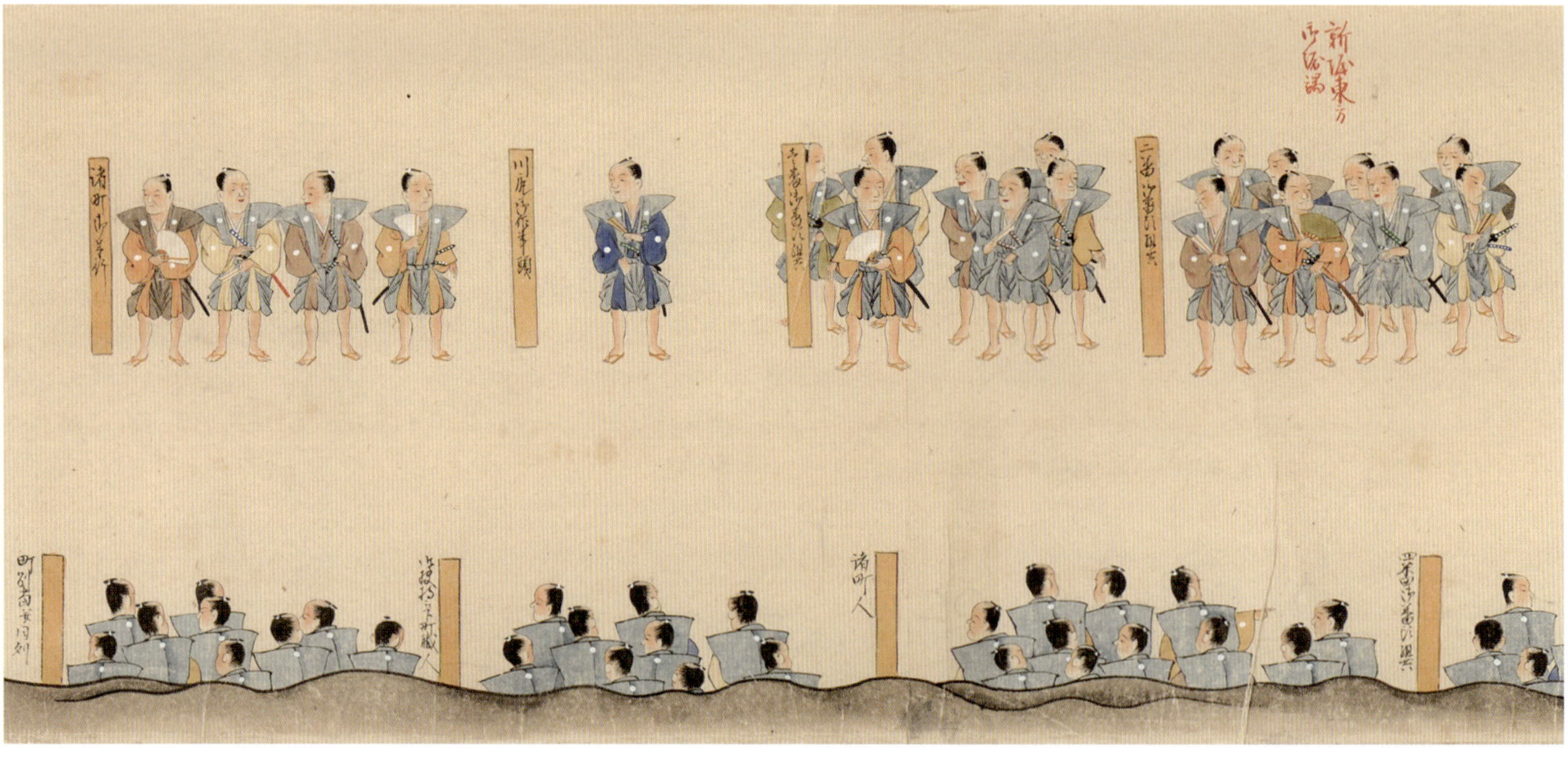

四番御番頭組共

諸町人

御扶持下さる町職人

町別当並びに同列

三番御番頭組共

七番御番方組共

六番御番方組共

五番御番頭組共

新堀御門内

山伏

社人

祇園宮祠官の者

新堀鳥(ママ)町入口

藤崎宮祠官の者

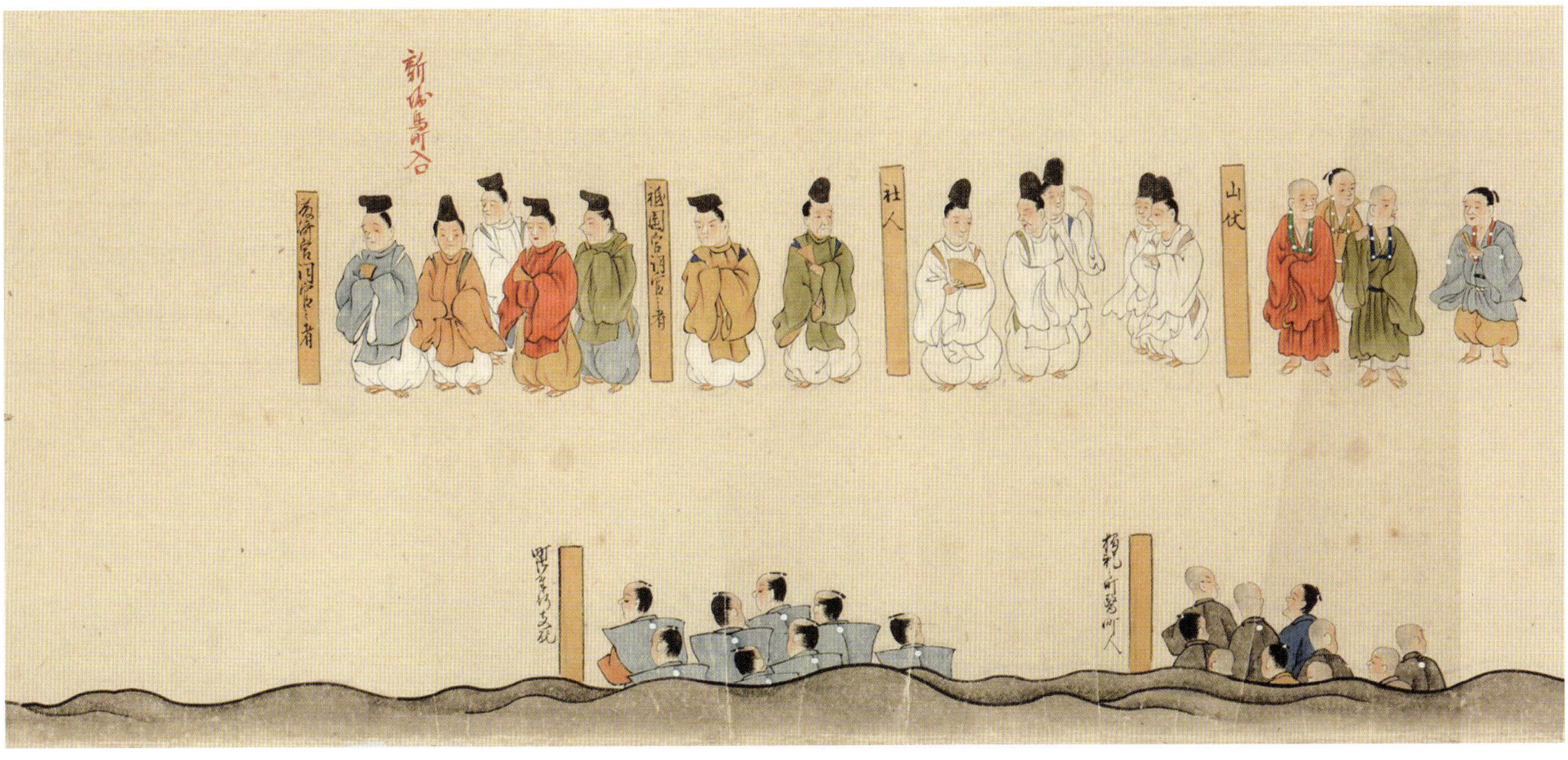

独礼の町医・町人

町御奉行支配

御銀櫃

山鹿屋

御役人

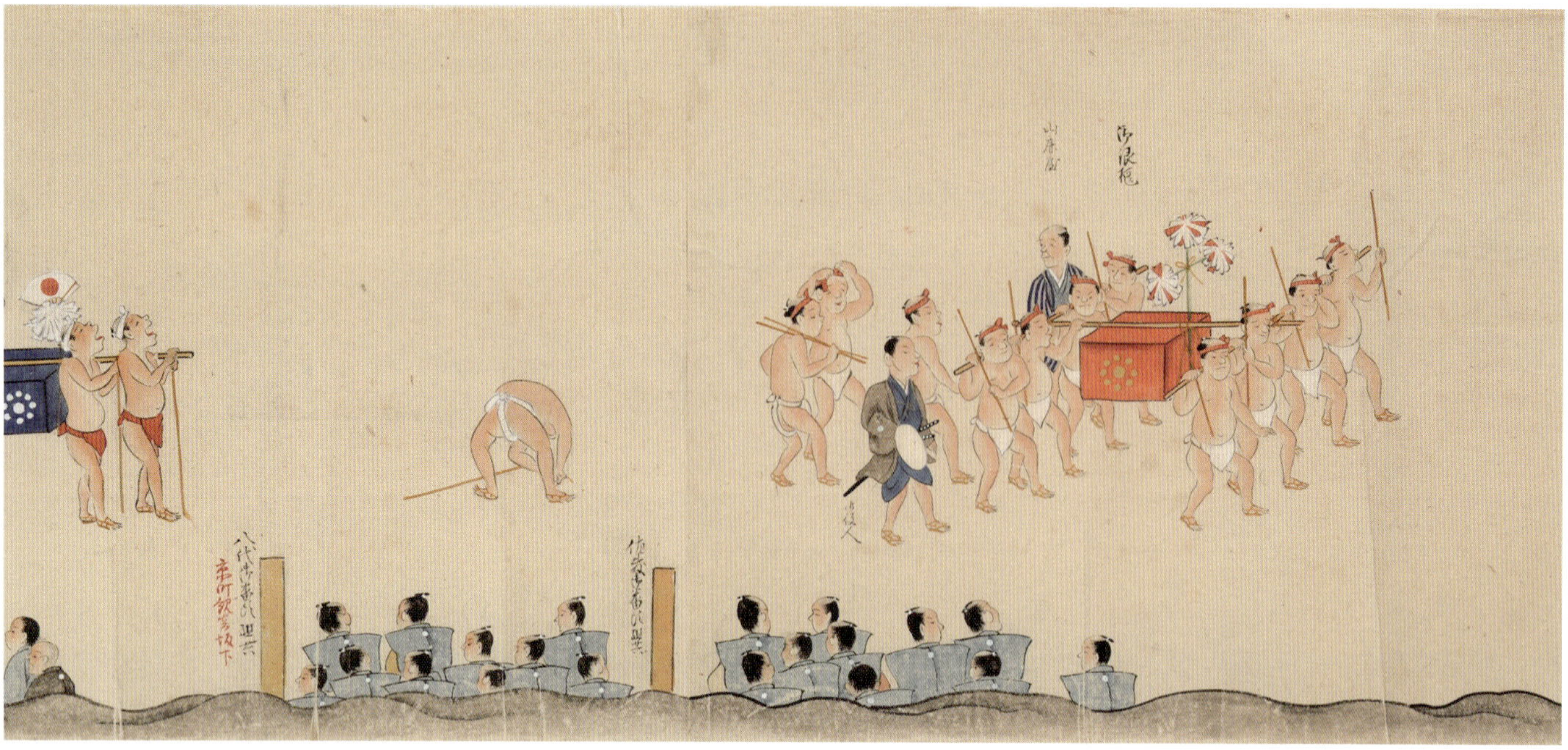

佐敷御番頭組共

八代御番頭組共

京町観音坂下

山鹿屋

歩御小姓並びに同列

歩御使番並びに同列

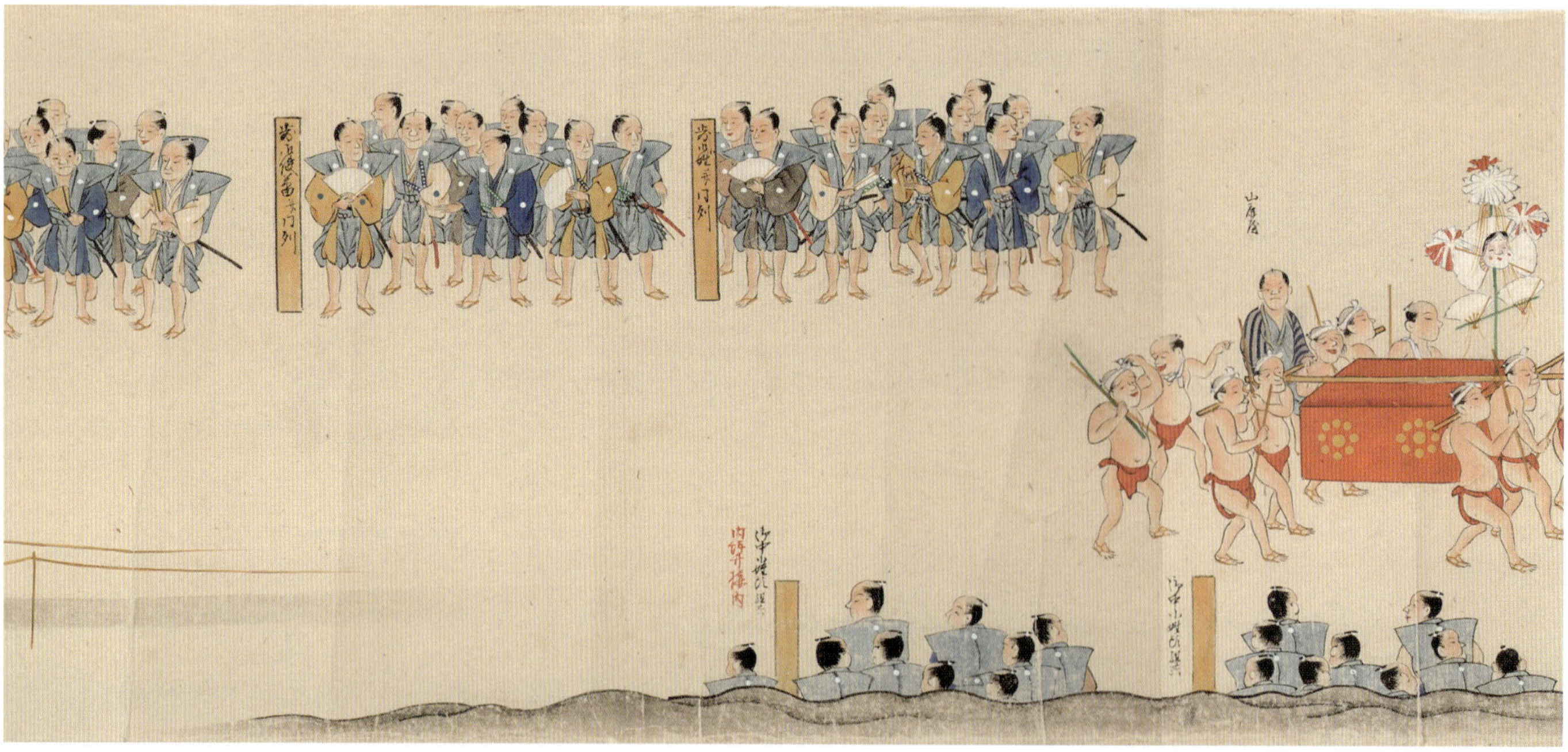

御中小姓頭組共

御中小姓頭組共

内坪井構内

切米取医師

御目見医師

御医師子

組入らざる
御中小姓

御掃除方御横目
同所根取並びに
諸御役人

坪井構の外

御掃除頭

御備方の者

鳶役六人

丁頭二人

町別当二人

是より廻役十人余在役人と引替わり御先に立つ

立町
構井口

在役人この所にて開く

組頭二人

庄屋二人

小頭四人

御郡方御奉行支配

御鉄砲二十挺外様足軽二十五人

手代三人

玉薬箱

浄行寺町入口西

町御奉行

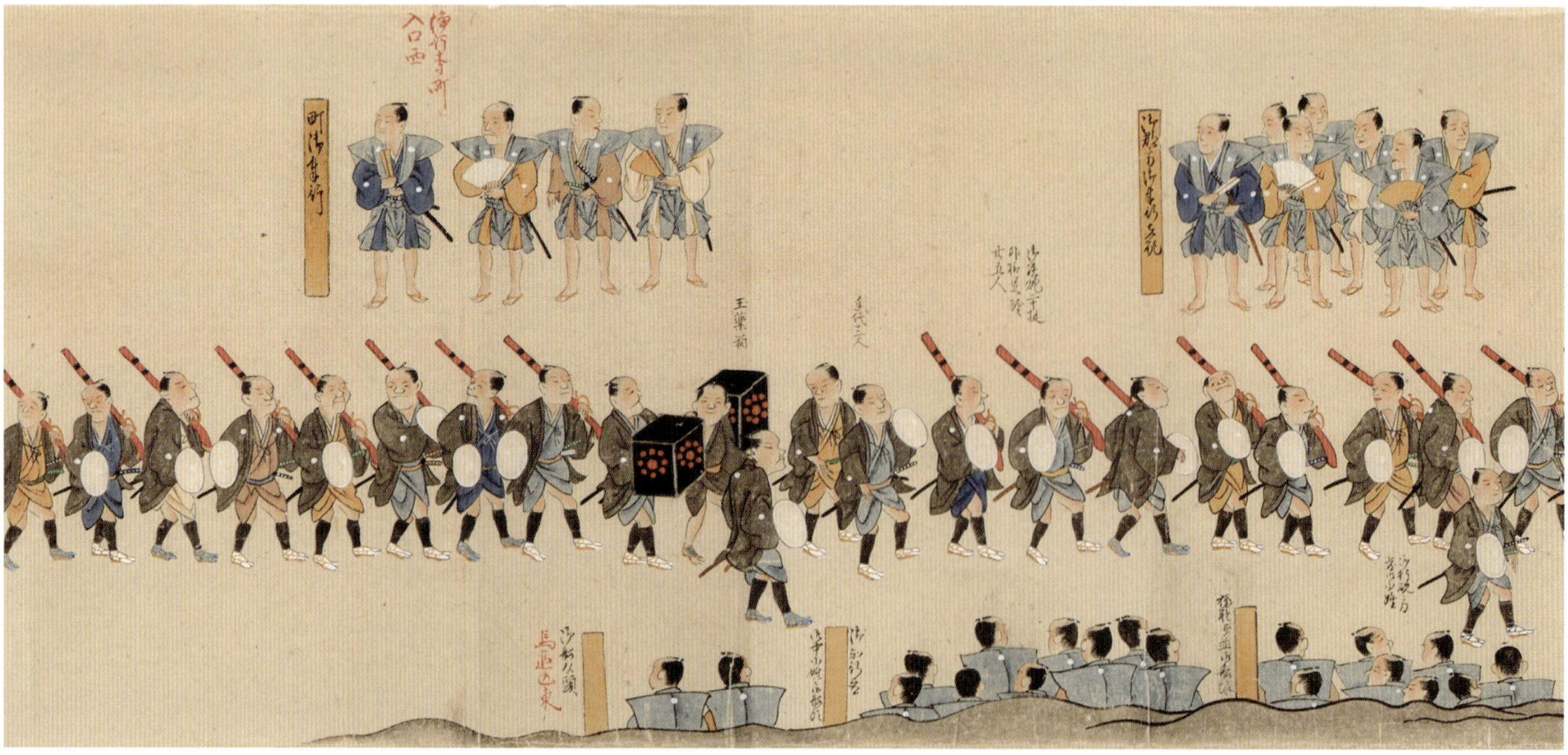

御行規方歩御小姓

独礼並びに並御船頭

御知行取御中小姓の御船頭

馬追込東

御船頭頭

在御家人四人

一領一疋六人

飽田詫磨御郡代

五丁御惣庄屋

歩御小姓二人

川尻並びに諸町御奉行支配御中小姓並びに同列

御郡代支配御中小姓並びに同列

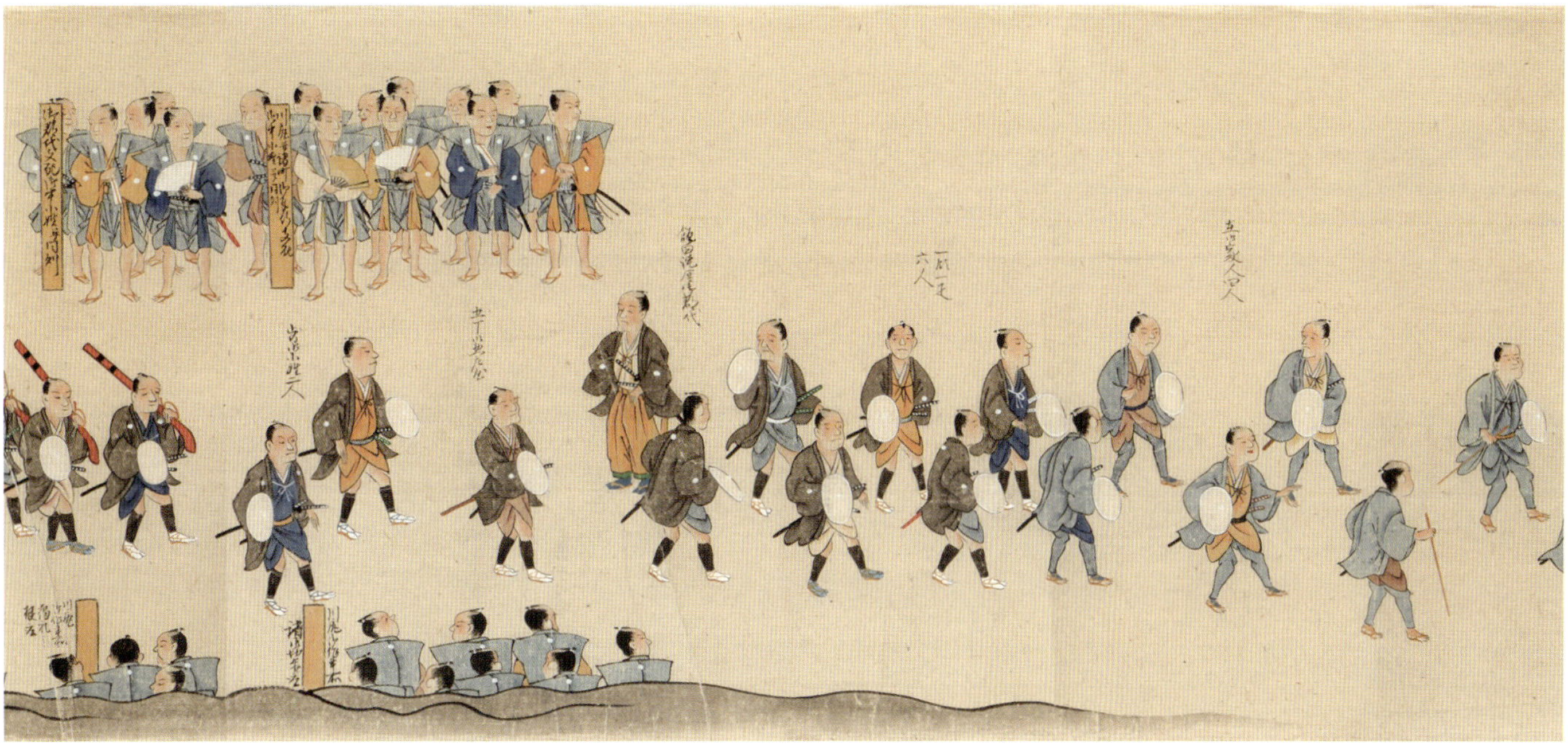

川尻御作事所諸御切米取

川尻御作事所独礼の根取

松雲院町口

御鉄砲小頭

子飼渡場入口

諸御切米取

御弓十張御側足軽十五人

小頭手代二人

玉薬箱

御物頭

外様足軽一人

小頭二人

小幡（旛）宮前

独礼の者

矢箱

御長柄二人
御長柄才料

御長柄十本
御長柄の者
十五人

通日雇二人

歩御小姓
二人

御挟箱
御小人三人

小頭二人

御挟箱
御小人三人

御蓑箱
御供方荒仕子
三人

揖領御馬
御厩の者
四人

御行規方

御備頭
一里木

御物頭

小頭二人

外様足軽一人

御召替え御馬
御厩の者四人

大鳥毛対御鑓
御鑓持四人宛

小御馬印
御供方荒仕子
二人

御立物箱
御供方荒仕子
五人

小頭

才料小頭

御行規方

御持筒箱
御小人十二人

大御具足箱
御供方荒仕子
十三人

預　御次番名

御行規方

土俵空穂
手代共四人
御長柄の者

御鉄砲十挺
外様足軽
十五人
外ニ小頭二人

小御具足箱
御供方荒仕子
七人

御具箱
御供方荒仕子
二人

御台弓三錦
御長柄の者
六人

御持弓二張
御持弓の者
四人

右同
才料
荒仕子支配二人

御行規方

御行規方

小頭二人

玉薬箱
荒仕子二人

御物頭

御行規方

外様足軽一人

御先御注進
歩御小姓六人

御立傘

御台傘

御先箱
手代共六人

御対鑓
手代共六人

御案内御駕役
八人

御小姓役二人

御小姓頭

御歩頭

御取次

御右筆

御駕役

御小姓役
二人

御小姓頭

御長刀
手代共三人

御左
御脇差筒
歩御使番
八人の内より持

御右
御刀筒
右同

御小姓組
御供役惣立
二十二人

御歩頭

歩御使番
二人

御駕の者
二十四人

御鍵鑓
御鑓持二人

御立傘
御小人二人

御十文字
御鑓持二人

御挟箱
御小人六人

御蓑箱
御小人二人

御手傘
御菅笠
御小人二人
御床机一人
御草履一人

御茶弁当
御茶道方
定手伝一人
荒仕子四人

御薬器
御医師間定
手伝一人
荒仕子三人

御召馬
御厩の者四人
沓籠持ち共に

御駕役
御取次
御使番
御歩頭
御用人
御茶道
御医師

歩御使番
二人

小頭

定手伝

歩御小姓二人

是より御小姓頭行列

日雇

足軽

御附人足軽四人

馬乗

歩

小頭一人

御行規方

手廻

歩の者

御附人足軽四人

歩の者

馬乗

歩の者

馬乗

手廻

御掛硯
才料足軽二人
通日雇一人

御長柄の者一人

御小姓頭の尻
御医師の鼻切場
歩御小姓二人

御医師駕

小者

日雇

二番
御医師駕

小者

才料足軽一人

御行規方

若党

小者

若党

小者

御中小姓

是迄
鑓数三十八本

御借馬十三疋
御仲間二人宛

御行規方

御茶道
具足

御右筆
具足

御案内役
具足

御駕役
具足

山鹿屋

御小姓組
具足

小頭

山鹿屋

御桐油箱日雇

御側御取次具足

御使番具足

御歩頭具足

御行規方

通日雇

御小姓役具足

御中小姓具足

山鹿屋
御小姓役
具足

御側御取次
両掛

御使番

御医師

御中小姓

山鹿屋

御茶道

御右筆

御歩頭

御小姓役

御医師

御案内役

御駕役

御小姓組

御側御取次
合羽

御使番

御歩頭

御取次
竹馬

御使番

御歩頭

御拍子木番
御長柄の者

歩御小姓
二人

御行規方

日雇

是ヨリ
御用人行列

足軽

御附人足軽
四人

歩

馬乗

馬乗

御行規方

手廻

歩

馬乗

馬乗

御附人足軽
四人

歩

馬乗

馬乗

山庵屋

日雇

手廻

歩

馬乗

馬乗

手廻

日雇

是より二番
御用人

足軽

手廻

日雇

着座
御奉行

若党四人

御奉行
若党四人

小頭一人

外様足軽

外様足軽

明治八乙亥仲冬
行年七十一歳
大久保雪貢

外様足軽

外様足軽

御召替え御馬
通日雇八人

合羽目籠八釣
支配役歩御使番
二人手附足軽
八人
日雇手代共
三十二人

歩御使番

手附
外様足軽

外様足軽

歩御使番

外様足軽

外様足軽

（注）

御行規方：行列の乱れの監視役。行列のところどころにいて、前後の様子をうかがっています。長い距離を武具や荷物を担いで歩き続けると、どうしても疲れや脚の痛みなどで遅れる者がでて、列が乱れてきます。威厳と格式が求められる大名行列。疲れて列を乱すと注意されたのでしょう。

山鹿屋：荷物の輸送や日雇の手配を請け負う専門業者。唯一、屋号が書かれています。そろいの縦縞模様の羽織を着ています。数百人から千人規模の大名行列は、通過する地域で経費削減のために荷物を担ぐ人足を雇っていました。

肥後藩の江戸屋敷

五十四万石の大藩だった肥後藩は江戸にいくつかの屋敷（藩邸、大名屋敷）を構えていました。各藩の江戸屋敷は用途と江戸城からの距離で上《かみ》屋敷、中《なか》屋敷、下《しも》屋敷、別邸などがあり、いずれも広大な敷地に邸宅や長屋が建ち並んでいました。

一年おきの参勤交代で国許《くにもと》と江戸を行き来する藩主（大名）は、江戸では主に上屋敷に住んでいたようです。そこには正室が暮らしています。当時、藩主の正室や嫡男は人質として江戸に居住するのが決まりでした。大藩の参勤交代では千人前後の家臣が藩主に従って江戸に赴きます。下級の藩士たちが江戸で暮らす場所も藩邸の敷地内にある長屋でした。

肥後藩の江戸藩邸は白銀《しろがね》台（高輪《たかなわ》）、龍口《たつのくち》、目白台などが知られています。今日、往時の様子をわずかにとどめるのは永青文庫がある目白台（文京区）と白銀台です。

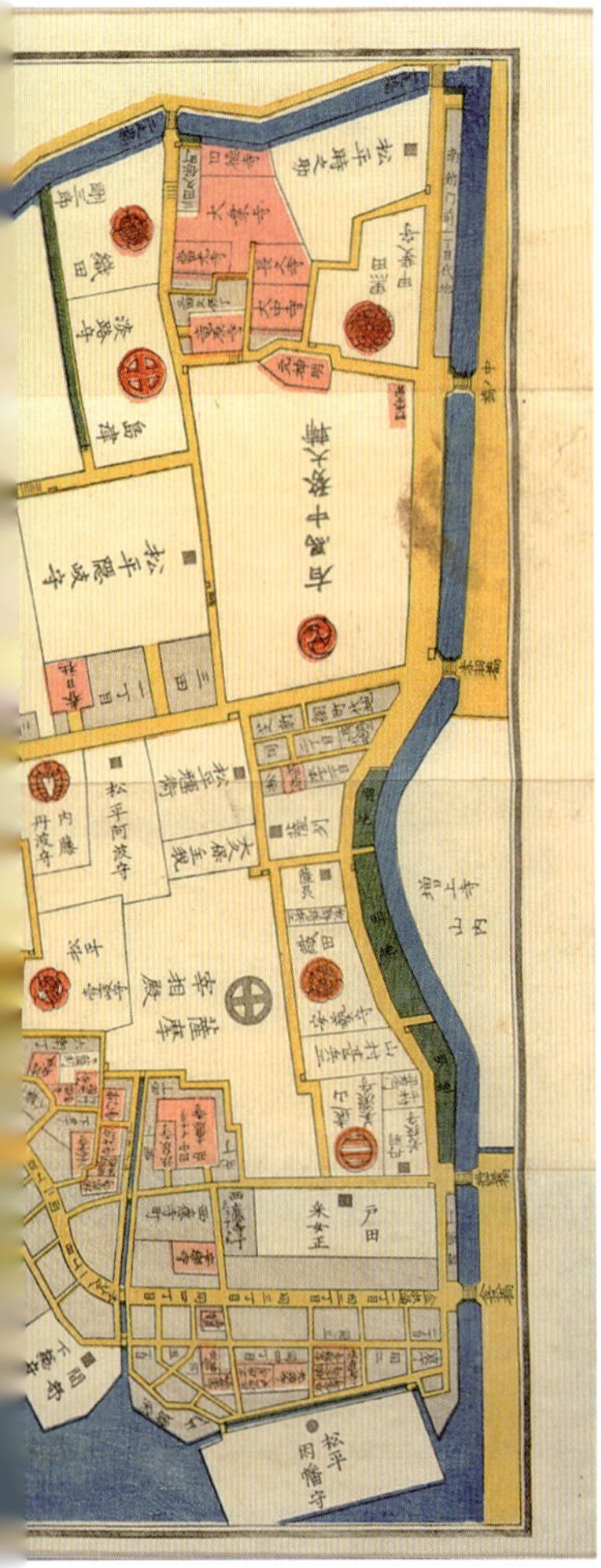

※各絵図の□で囲んだところが細川家の江戸屋敷

白《しろ》銀《がね》台《だい》（高輪・下屋敷）

赤穂浪士17人がお預けに

細川家の下屋敷は泉岳寺の近く白銀台にありました。現在、港区高輪一丁目のこの一帯は高松宮邸や都営住宅、マンション、学校などが立ち並んでいます。

泉岳寺は忠臣蔵ゆかりの寺として知られています。元禄十五年（一七〇二）十二月十四日、赤穂浪士四十七人が吉良邸に討ち入り本懐を遂げたあと、泉岳寺に眠る主君の浅野内匠頭《たくみのかみ》の墓前に報告します。その日のうち、四十七人は大名四家にお預けとなります。細川家が預かったのは家老の大石内蔵助《くらのすけ》はじめ中心人物十七人。この白銀台の下屋敷へやってきます。この日から翌年二月四日の切腹の日まで、浪士らに対する細川家の心のこもったもてなしは、今日まで語り継がれています。

かつて、屋敷の一角にあったシイの大樹は六百年の歴史を伝え、東京都の天然記念物の指定を受けています。

※今日、東京都港区にある地名は「白金《しろかね》」で、東京メトロ南北線と都営地下鉄三田線の駅名も白金台《しろかねだい》です。

細川 越中守

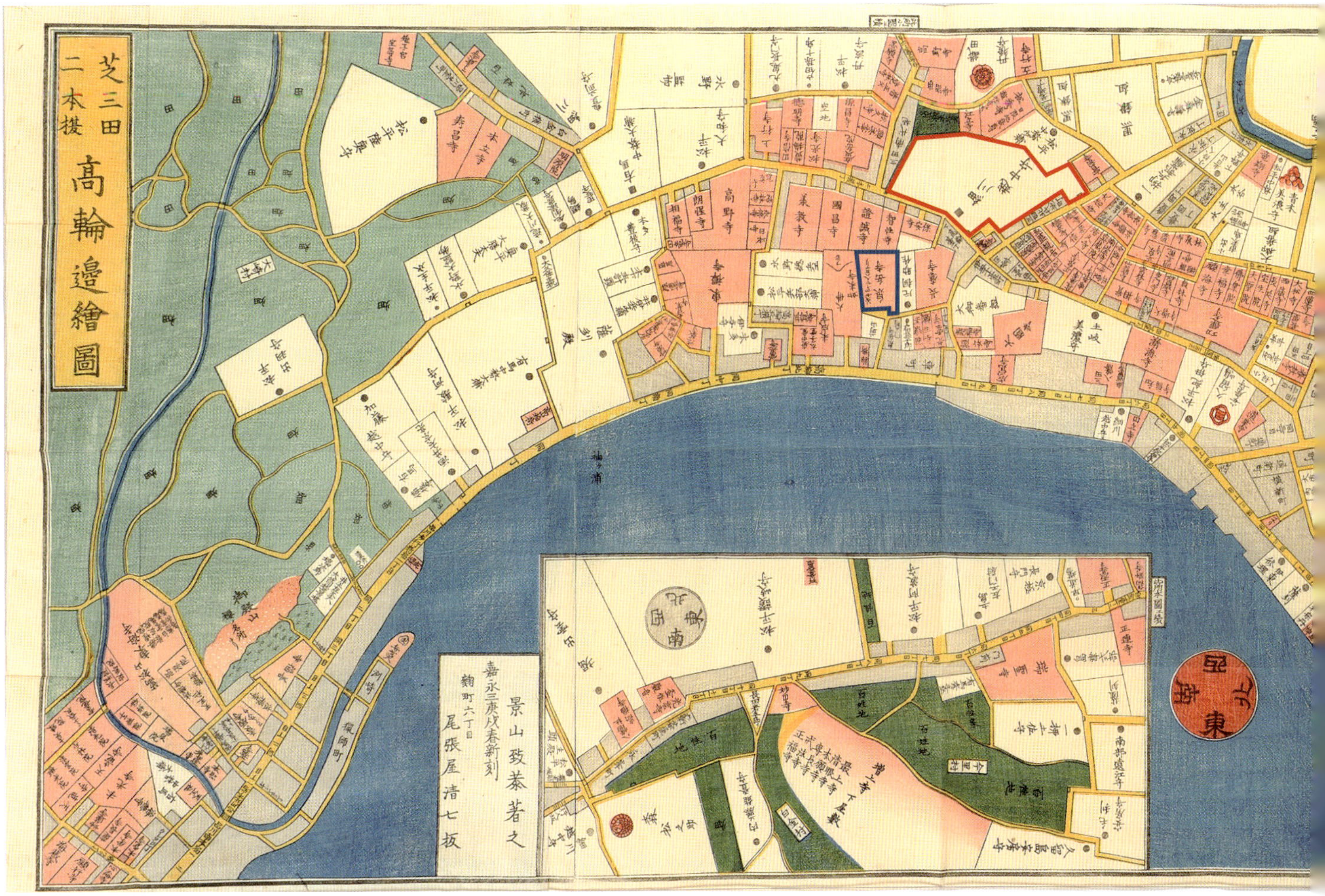

高輪辺絵図（江戸切絵）

中央の上の方に、斜めに書かれた「細川越中守」の文字が見えます。赤穂浪士ゆかりの泉岳寺は白銀台の細川家下屋敷のすぐ近く。この絵図では下屋敷の下方（東側）、薄い赤色の区画に「泉岳寺」（青線で囲んだところ）があります。各区画に書かれた大名屋敷や寺の文字の向きがバラバラです。これは江戸切り絵図の約束事で、正門がある方向を示しています。１文字目がある側に正面玄関があります。／永青文庫蔵

細川家下屋敷跡のシイの大木
（東京都指定天然記念物）

細川家下屋敷跡（高輪）にある旧高松宮邸

肥後藩の江戸屋敷

江戸の細川家上屋敷は江戸城（現在の皇居）和田倉門の近く、龍口《たつのくち》にありました。かつては細川屋敷を「龍口屋敷」とも言っていました。ＪＲ東京駅丸の内北口から出て右手一帯、元国鉄本社ビル跡（千代田区丸の内一丁目）です。現在は新しいビル街になって、丸の内オアゾビルに生まれ変わっています。同ビル一階のエントランスには「細川越中守上屋敷」の銘板があり、フロアには上屋敷の間取りが再現されています。

江戸時代、龍口屋敷があった外濠と馬場先濠に囲まれたところには幕閣や有力大名の上屋敷が立ち並んでおり、〝大名小路〟と呼ばれていました。今日も当時の名残があります。

かつては、この大名小路を通り、江戸城大手門に向かって登城するルートがメインストリートであったといわれています。各藩の上屋敷は藩主の住まいとなって、そこから登城したり、幕閣や藩主の接客対応などが行われていました。

龍口《たつのくち》（上屋敷）
江戸城大手門に続く〝大名小路〟

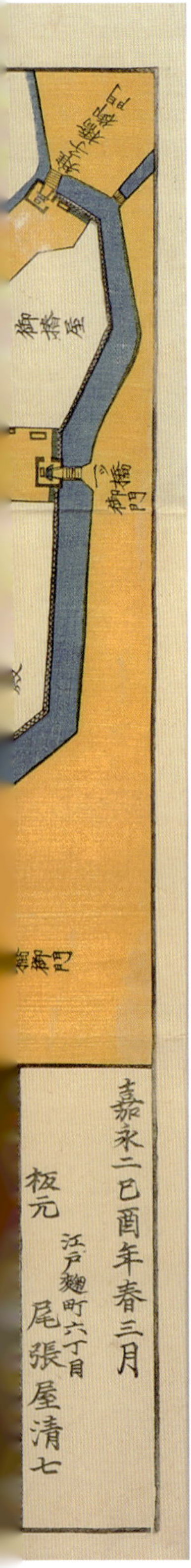

丸の内オアゾと東京駅

「丸の内オアゾ」（写真左側のビル群、オフィスやホテルなど）が、龍口の細川家上屋敷があったところです。かつては江戸城大手門に続く大名小路に面し、今日では赤煉瓦造のＪＲ東京駅丸の内北口に隣接。今も昔も一等地です。

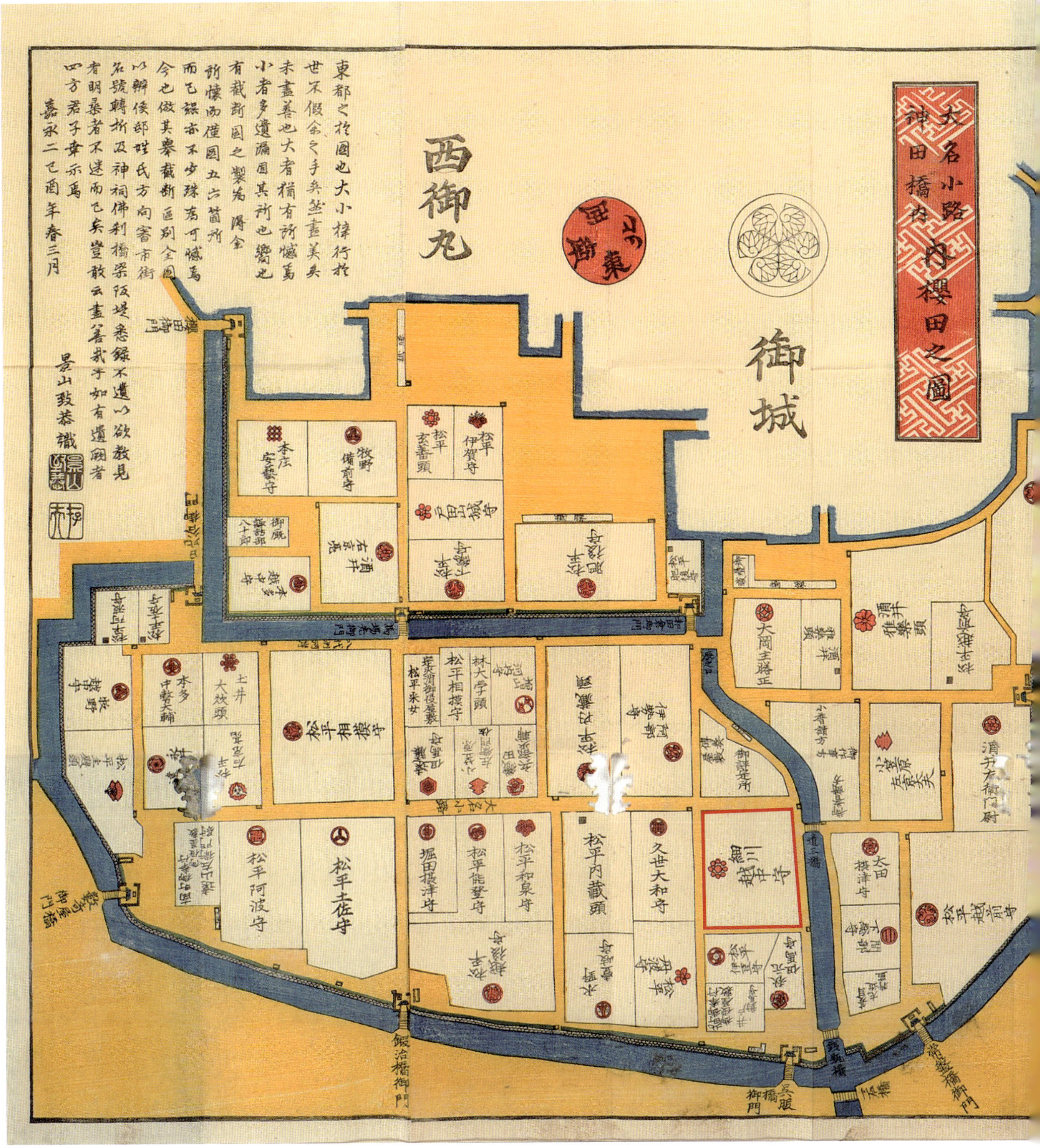

内桜田之図（江戸切絵）

中央寄りの右下に細川家の九曜紋があります。「細川越中守」の文字は横になっています。「御城」は江戸城です。右上の表題と絵図中に「大名小路」の文字が見えます。／永青文庫蔵

肥後藩の江戸屋敷

浜《はま》町《ちょう》（中屋敷）

跡地の浜町公園に残る清正公堂

中央区日本橋浜町二丁目にある「浜町公園」（東京都中央区が管理）一帯は、明治維新まで細川家の中屋敷でした。江戸の後半、八代《はちだい》藩主斉茲《なりしげ》が隠居後にこの屋敷に住んだといわれています。

十代斉護《なりもり》のとき、屋敷の一角に加藤家の菩提寺である本妙寺から僧侶を招き、本妙寺別院として「清正公堂」（清正公寺）を創建したと伝えられています。細川家は代々、加藤家への尊崇の念が強かった現れでしょう。清正公の命日には、一般の参拝ができるよう開放されていたそうです。

細川家の浜町中屋敷は大正十二年（一九二三）の関東大震災後、東京市へ提供され「浜町公園」となっていますが、「清正公堂」は今も昔日の姿を残し、一般の参拝も自由にできます。

浜町屋敷は隅田川右岸に沿った屋敷です。屋敷の面々は、時折、隅田川で投網《とあみ》を楽しむこともあったようです。

肥後藩の投網は広がりがよく、一挙に人の知るところとなり、それまでの〝土佐流投網〟にかわり、〝細川流投網〟として人気上昇。今日も隅田川流域などに細川流江戸投網保存会があり、活動しています。

清正公堂

「清正公」の扁額が見えます。

浜町公園

浜町の細川家中屋敷跡は中央区が管理する浜町公園になっています。写真右側に清正公堂。

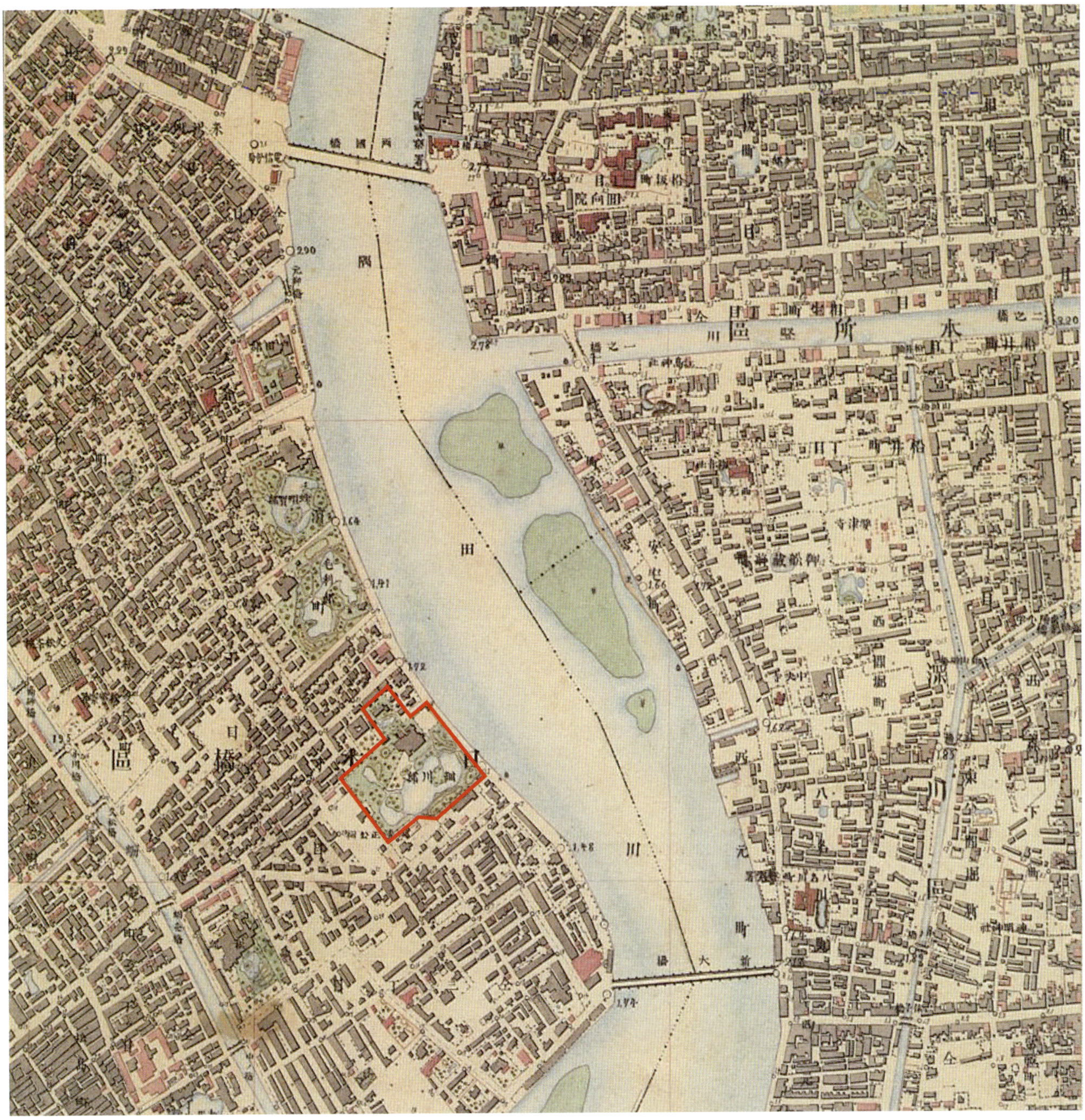

浜町の細川邸

江戸時代、肥後藩細川家の中屋敷があった場所は、明治以降も細川家の屋敷がありました。明治17年の5千分の1東京図には「細川邸」と記されています。隅田川に面し、北側（上）の橋は両国橋、南の橋は新大橋です。浜町公園は昭和4年（1929）に開園。／国際日本文化研究センター提供

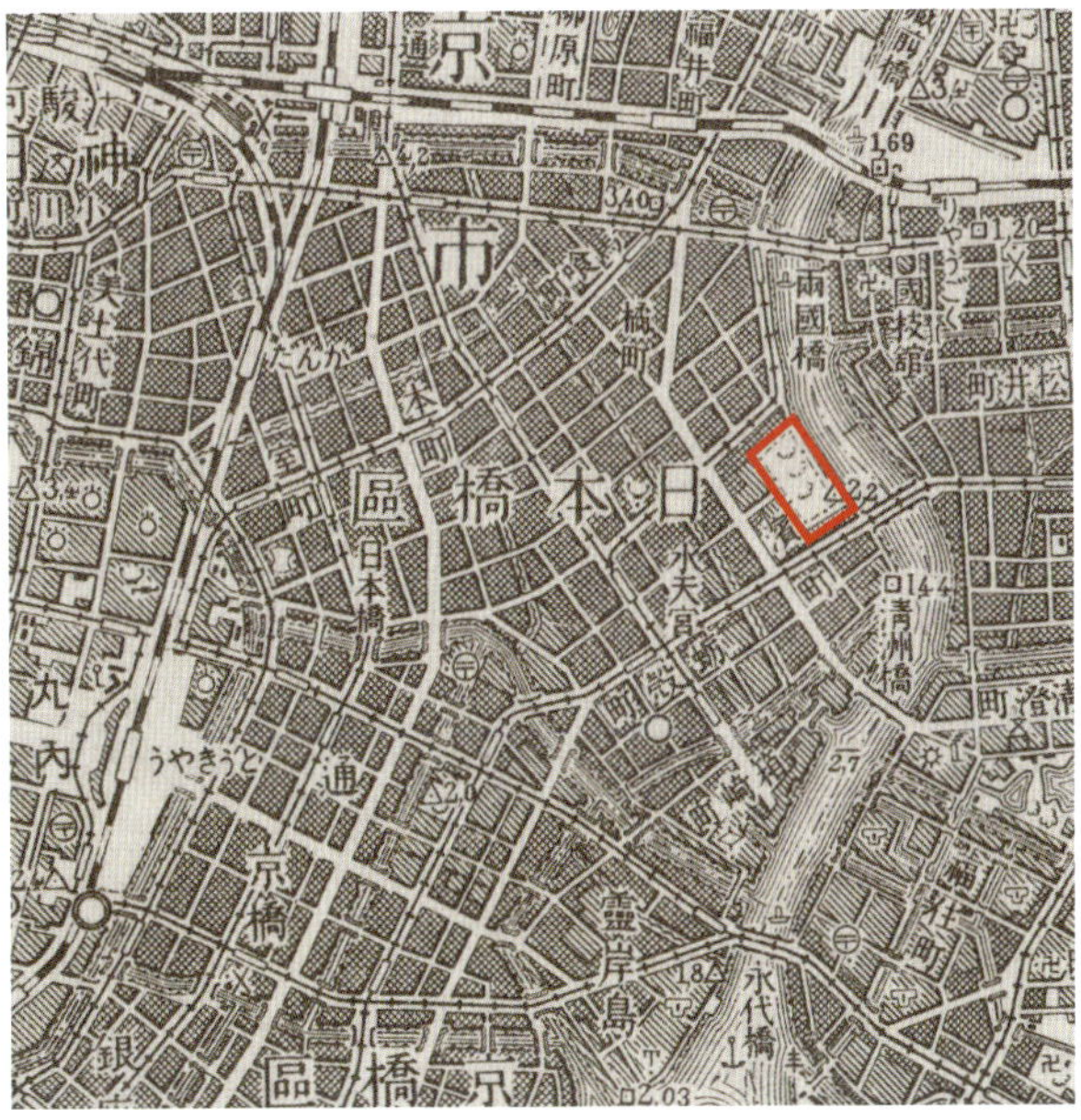

東京東北部図（部分）

昭和7年（1932）陸地測量部発行の5万分の1の地図では、隅田川沿いの公園地が確認できます。約46万㎡もある広大な浜町公園です。

肥後藩の江戸屋敷

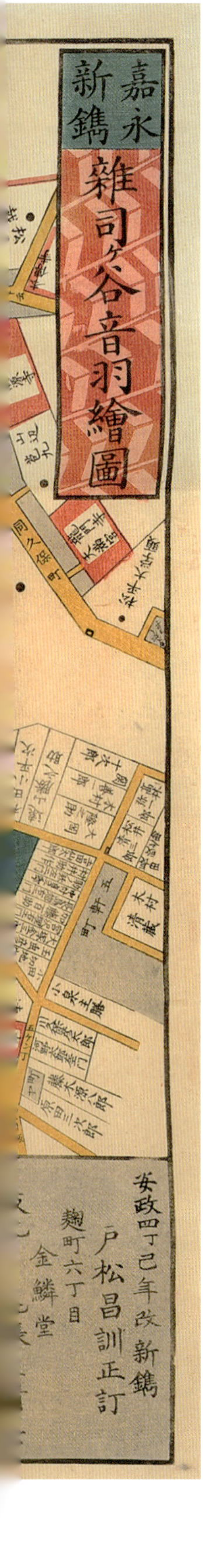

目《め》白《じろ》台《だい》（下屋敷）

永青文庫と庭園に昔日の面影

文京区目白台一丁目一番地に所在する公益財団法人永青文庫の一帯が目白台下屋敷の跡です。高輪の下屋敷が火災に遭ったあと、この目白台に屋敷替えになっているようです。江戸時代、参勤で江戸に上がった肥後の侍たちが拠点にしたことでしょう。

この下屋敷は三万八千坪と広大な敷地でしたが、戦後は永青文庫と東京都文京区が管理する公園、そして若い人材養成のための和敬塾（戦前まで細川侯爵邸）として活用されています。

永青文庫には七百年にわたり細川家に伝えられてきた古文書や美術工芸品などが収蔵、展示されています。文書は約十万点近くになりますが、藩政時代のものは熊本大学、その他は慶応義塾大学などに寄託研究されています。美術工芸品は国宝八点、国の重要文化財三十二点を含む約六千点を所蔵していますが、永青文庫本部と熊本県立美術館で管理、展示されています。

永青文庫南側の「肥後細川庭園」は、江戸時代の日本庭園の面影をよくとどめた名園といわれています。これまで東京都文京区において「新江戸川公園」として管理されてきましたが、ここ数年、文京区が庭園と学問所の建物も大々的に整備、リニューアルし、平成二十九年（二〇一七）三月から名称も「肥後細川庭園」としてスタートしています。

肥後細川庭園
目白台の地形を生かした日本庭園です。池には台地の湧き水を引き入れています。昭和36年、東京都が「新江戸川公園」として整備・開園。50年、文京区に移管しました。木造2階建ての建物は松聲閣（しょうせいかく）で、明治の中ごろに建てられた細川家の学問所です。耐震性を高めるため、大規模な改修が行われ平成28年から公開されています。2階には展望所があり、無料で入館できます。

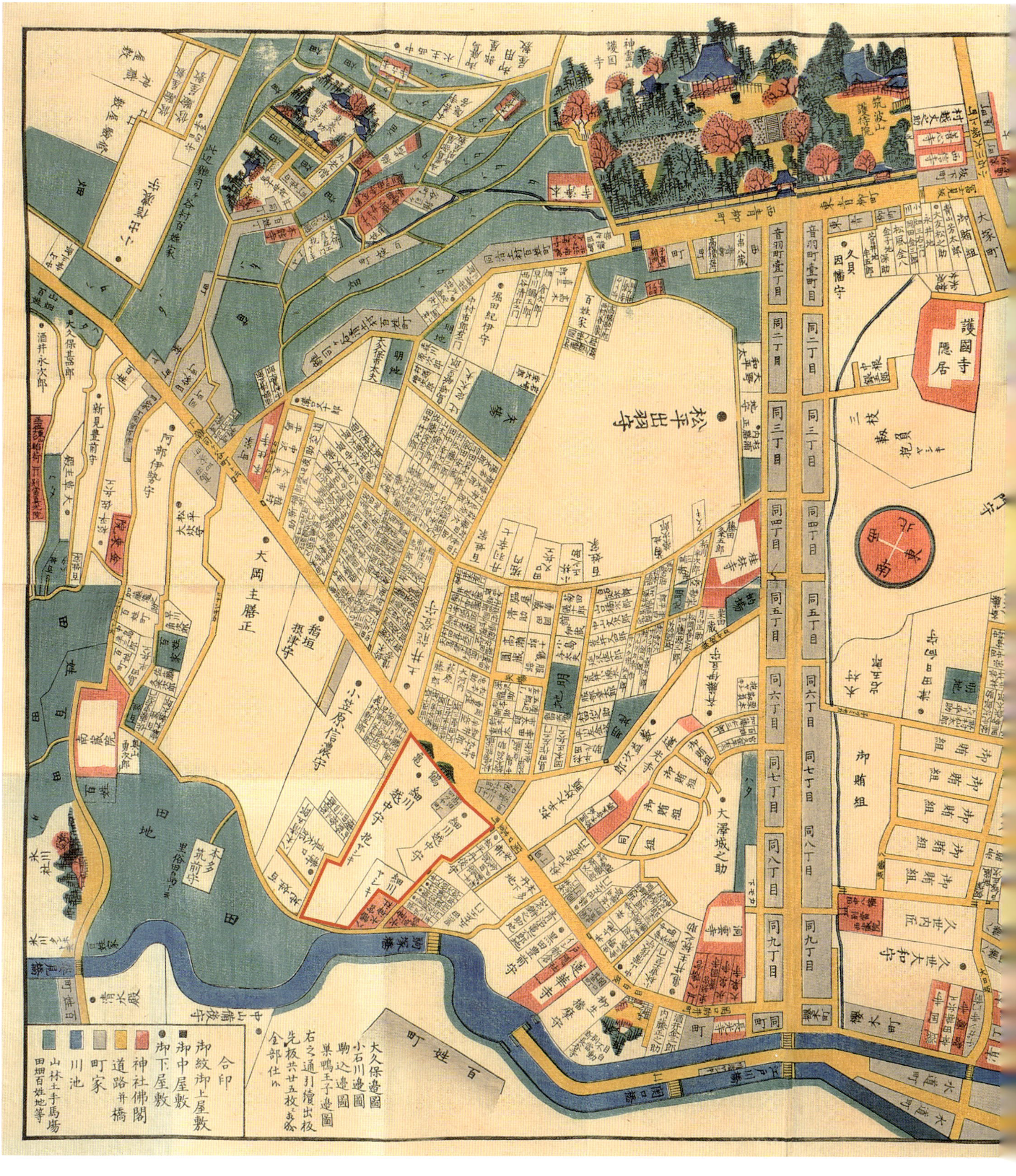

雑司ヶ谷音羽絵図

中央寄りの左下に「細川越中守」の文字が並んで二つあります。目白台下屋敷があったところです。北西から南に向かって斜めに走る道路は、今日の目白通りです。／永青文庫蔵

もう一つの大名庭園

水前寺成趣園
●すいぜんじじょうじゅえん

園名は陶淵明の詩に由来
綱利の代に大規模普請

水前寺成趣園は熊本市中央区水前寺公園に所在する大名庭園です。肥後藩細川家の初代藩主、細川忠利が寛永十三年（一六三六）に作事した「国府の御茶屋」に始まります。本格的な庭園整備は、細川三代綱利の時代になってからでした。寛文十年（一六七〇）、綱利は阿蘇の伏流水が湧出する池を中心に、大規模な水前寺御普請を行います。桃山式回遊庭園で、東海道五十三次の景勝を模して一万八千坪（約五万九千四百平方メートル）の雄大な成趣園を完成させます。作庭は、茶道役萱野甚斉、二代目古市宗庵を中心に進められ、その折、酔月亭も作事されています。

綱利はこの庭園を陶淵明の詩「帰去来辞《ききょらいのじ》」の二段目にある「園日渉以成趣（園は日々にわたってもって趣をなし）」からとって「成趣園」と名付けているのです。

成趣園は明治になって官有となりますが、明治十年（一八七七）の西南戦争で酔月亭は全焼し、庭園、築山など成趣園全体が荒廃しました。これを憂慮した有志が明治十一年に払い下げを願い出て、さらに、細川家の歴代藩主を祀《まつ》る出水神社を園内に創建。園庭は同神社に払い下げられました。

江戸時代には、水前寺成趣園と江津湖の清冽な湧水でとれた「水前寺苔《のり》」を幕府に献上してきた記録も残されています。水前寺成趣園は昭和四年（一九二九）国の名勝及び史跡に指定されました。

出水神社の社務所から望む水前寺成趣園
／出水神社提供

夏目漱石の句碑

平成二十九年（二〇一七）十二月、夏目漱石の句碑三基が園内に建立されました。漱石は明治二十九年（一八九六）四月十三日、第五高等学校の英語教師として熊本にやってきます。句碑の石材には熊本地震で倒壊した出水神社参道の大鳥居の柱が使われました。

湧くからに流るゝからに春の水　（成趣園の正門入り口）

しめ縄や春の水湧く水前寺　（出水神社お手水舎横）

鼓《つづみ》うつや能楽堂の秋の水　（能楽堂前）

夏目漱石の句碑（出水神社）

成趣園内に立つ細川藤孝（幽斎、右）と忠利の銅像

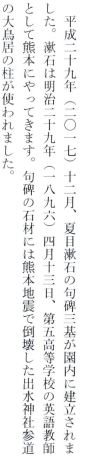

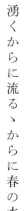

もう一つの大名庭園

ジェーンズ一家が遊んだ成趣園

酔月亭前から東を望む
富士山のような築山は、今日とは少し山容が異なります。沢飛び石に両足をかけ、手桶で水をくんでいる男はちょんまげに鉢巻き姿。右側の女性は着物の裾をつまみ、足首まで池の中です。裸の男の子も写っているので、季節は夏でしょうか。／長崎大学附属図書館蔵

「肥後に滞在した日々の中で一番楽しい時だった」

明治四年（一八七一）八月、熊本洋学校の教師として細川護久が招聘《しょうへい》したL・L・ジェーンズがアメリカのメリーランド州から熊本にやってきます。ハリエット夫人と二歳の娘、生まれて半年にもならない息子もいっしょでした。維新後まだ日が浅く、熊本には西洋人が西洋の学問を西洋の言葉で教えるのを快く思わない士族たちがいました。ジェーンズ自身も「一部の人たちを除けば、大部分の者が私をけむたく思っていただろう」（『ジェーンズ熊本回想』）と記しています。

教師館での暮らしは常に警護の目があり、外出時は護衛がつきました。そんななか、休日の楽しみは成趣園で家族水入らずで過ごす時間でした。そのころ成趣園は、外国人はもちろん、一般の人たちも自由に入れるところではありません。ジェーンズ一家は、細川侯の特別な計らいで入園できました。

自由とプライバシーが守られた園内ではゆっくりと時間をかけて夕食も楽しみます。その食事は腕利きの料理人が古城《ふるしろ》の教師館から担いできました。「私たちに許されたこのような楽しみは、健康のためにも必要なことで、ここでのんびりと体を休め、思案できる静かな時間を持てたことによって、多忙な日常生活にも多少の潤いが生まれた」（同）。外国暮らしのストレスから解放されたようです。子どもたちも「トット（娘）は弟や時には私も引っ張り出して、池の中の飛び石をあぶなっかしく飛んでは、ハラハラさせた」（同）。

今日、池の中の島を結ぶ沢飛び石を見ると、当時の様子が目に浮かんできます。明治九年十月、五年間滞在した熊本を去るジェーンズ一家にとって「ここで過ごすひと時は私たちにとって肥後に滞在した日々の中で一番楽しい時だった」のでしょう。

舟遊びの2人

小舟に2人の男性が乗って撮影者の方を向いています。写真を拡大すると、2人ともちょんまげ姿です。後ろに酔月亭が見えるので明治の初めごろ。池の南側から北を望んでいます。

／長崎大学附属図書館蔵

明治期の成趣園

右奥に出水神社があるので、明治11年10月以降の写真です。酔月亭はありませんが、現在はない沢飛び石も見えます。

／長崎大学附属図書館蔵

明治初期の成趣園

2枚とも明治の初めごろに写された写真です。いずれも数人が写っていますが、どういう人たちなのは分かりません。裸の子どももいます。水深は、すねの中ほどくらい。今日とあまり変わらない深さのようです。ジェーンズの長女ファニーもここに写っている沢飛び石に乗って遊んだのでしょう。／長崎大学附属図書館蔵

もう一つの大名庭園

人工的に自然の美を再現

成趣園は三代藩主細川綱利の時代、寛文年間に普請が行われ、安永五年（一七七六）に馬場ができました。

湧水を引き入れた庭園の池には島をつくって沢飛び石でつなぎ、富士山を模した築山を配置。噴煙を上げる阿蘇と外輪山や健軍神社（八丁馬場）の杉並木などを借景にしています。また、一面に芝を張り、常緑の木々と落葉の樹木、さらに花をつける木を効果的に植え、夏の水辺ではホタルが乱舞するなど四季の変化を楽しみました。

日月の光や鐘の音まで取り込む

それだけではありません。季節で出入りの場所を変える太陽、日々形を変える月、遠くから聞こえてくる国分寺の鐘の音まで考えて庭が造られています。形で表現できない光や音まで庭に取り込もうとしたのでしょうか。園の最も西側に建てられた酔月亭から、歴代の藩主は日常から離れた空間で時を過ごしたのです。

シンメトリー（左右対称）が基本の西洋庭園に対し、規則性がない日本庭園。人工的に自然の美を凝縮して再現するという一見矛盾した行為に日本人の感性と美意識を見る気がします。それを実感するのが広い成趣園を東西から俯瞰した「水前寺庭中之図」です。阿蘇中岳の噴煙、雪嶺、月、杉並木、枝ぶりのいい松、紅葉、梅と思われる花、実った麦または稲など「阿蘇白煙、龍田紅葉、瀬田山雪、国府晩鐘、前林梅花、飯田夕陽、巖泉清流、健宮杉嵐、水隈乱蛍、松間新月」の「成趣園十景」が落とし込まれています。

成趣園ができてから三百五十年ほどの時が流れました。周囲の環境はすっかり変わっていますが、園内を散策しながら時空を超えた現代の「十景」を探しましょう。

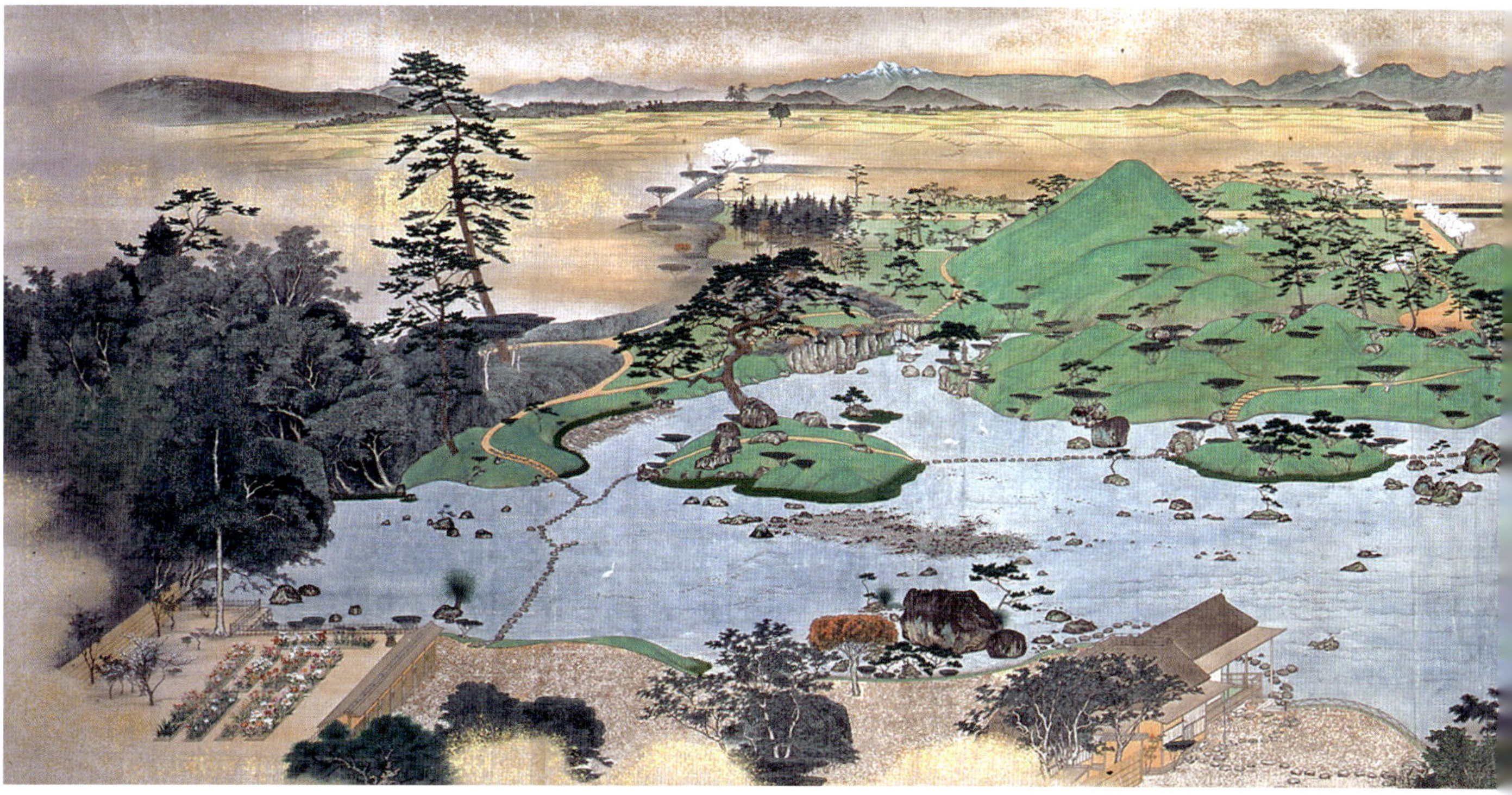

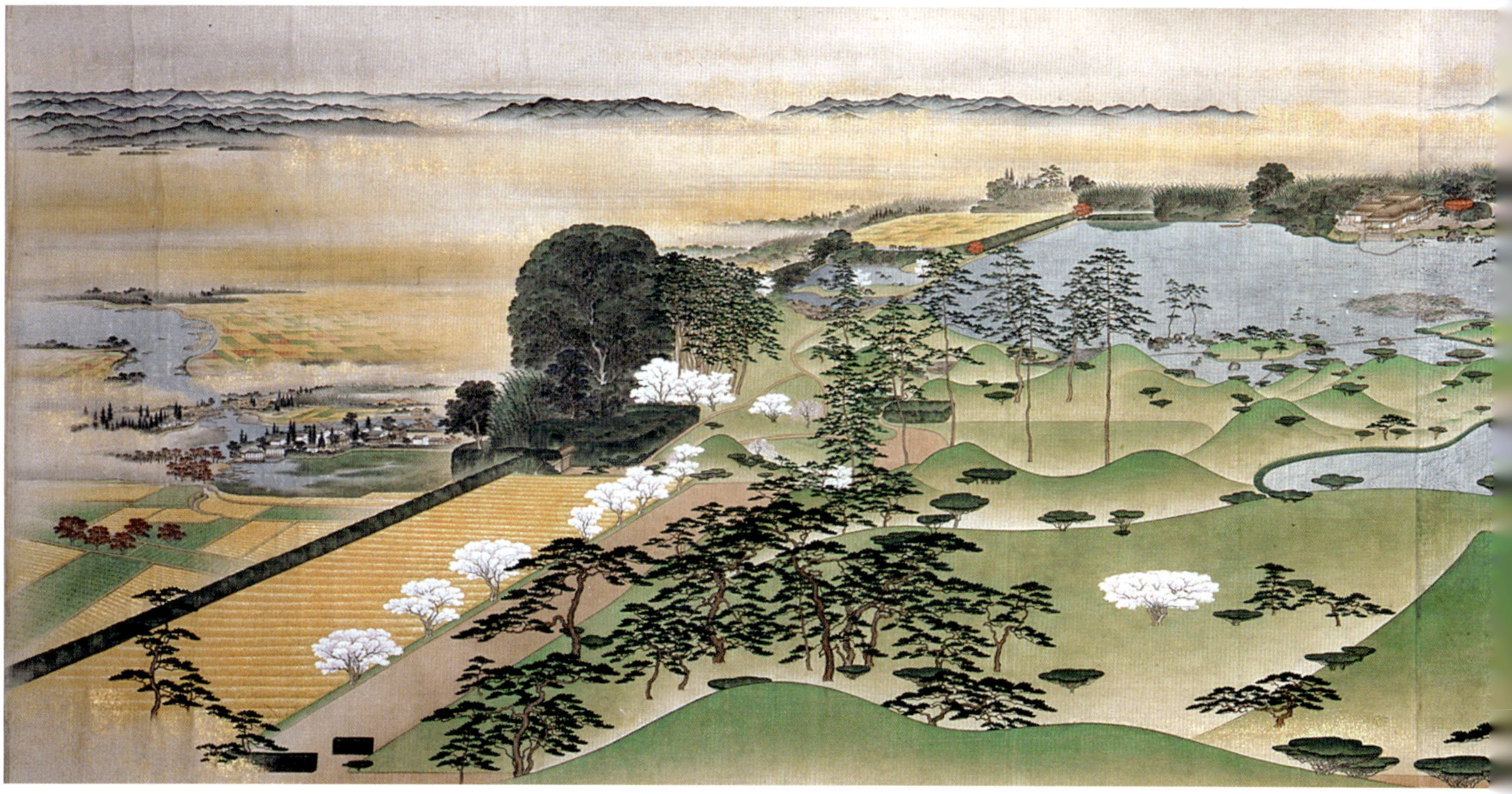

水前寺庭中之図

江戸中期に描かれた成趣園の景観図です。藩の御用絵師だった内尾栄一と杉谷行直の作。双方に酔月亭が描かれています。／永青文庫蔵

成趣園の酔月亭

洋学校教師のジェーンズが「池の端には畳敷きのきれいで小さな建物が樹間に隠れるようにして建てられていた」と書き記した酔月亭です。明治10年、西南戦争の戦禍で焼失します。

水前寺成趣園の古今伝授の間

もう一つの大名庭園

古今伝授の間 ●こきんでんじゅのま

細川幽斎ゆかりの建物

大正元年、酔月亭跡に移設復元

水前寺成趣園内には「古今伝授の間」があります。もともと、京都御所の八《はち》条宮《じょうのみや》家（のち桂宮家）の御学問所だった建物です。

この学問所で、細川家初代の幽斎（藤孝）が後陽成《ごようぜい》天皇の弟君である八条宮智仁《としひと》親王に「古今和歌集」を伝授したと伝えられています。古今伝授とは、「古今和歌集」に関する故事や解釈を師から弟子に口伝《くでん》により相伝することです。関ヶ原の戦い（一六〇〇年）で戦局厳しいなか、秘伝とされている古今伝授が数カ月にわたって続けられた由緒深い建物です。

幽斎から八条宮智仁親王への伝授は、関ヶ原の戦いのためいったんは中止されます。幽斎は、子息の忠興が徳川家康に随従して出陣中のため、丹後《たんご》（十二万石）の田辺城の守りにつきます。しかし、守兵はわずか五百で、石田軍一万五千の軍勢に包囲されて窮地に追い込まれ、討ち死にを覚悟します。古今伝授の秘伝を継承する人物がいなくなるのを憂えた後陽成天皇は勅使を派遣し、勅命で和議となって幽斎は解放されます。

関ヶ原の戦いの後、古今伝授は再開され、八条宮智仁親王に完全に受け継がれていきます。のち、智仁親王は後水尾天皇に伝授され、以後、古今伝授は御所伝授というかたちで宮中に伝わっていきます。

明治四年（一八七一）、桂宮家領地の上地に際し、幽斎にゆかりのある建物である古今伝授の間は、細川家が桂宮家から賜ったものです。いったん解体し、大阪屋敷に保管していた部材は大正元年（一九一二）、熊本市の泰勝寺に運んで復元する予定でした。その後、熊本市長など関係者の希望で水前寺成趣園の酔月亭跡に移設復元することとなったと伝えられています。

成趣園の雪景色

めったに雪が積もらない熊本市ですが、一面の銀世界も想定して造られているようです。モノクロームの日本庭園も訪れる人々を魅了します。／出水神社提供

建物は熊本県重要文化財の指定を受けており、杉戸の「雲龍」は狩野永徳の筆で、襖の「竹林の七賢」は海北友松《かいほうゆうしょう》の作と伝えられています。平成二十一年（二〇〇九）四月から幽斎没後四百年を記念して古今伝授の間の全面解体修理が熊本市文化財保存修理基金、県補助金、永青文庫資金で進められ、二十二年九月に竣工しています。

古今伝授の間の内部から庭園を望む。右が花燈窓。
／撮影：坂本徹

成趣園の光のイベント「水前寺こいあかり」。築山もライトアップされます。／出水神社提供

古今伝授の間の襖絵は海北友松の作と伝えられる「竹林の七賢」。

年表

熊本城・花畑町・桜町・辛島町一帯の変遷

1872年（明治5）11月以前は旧暦

西暦	和暦	できごと
1588	天正16	豊臣秀吉、肥後国を二分し加藤清正と小西行長に分与
1592	文禄元	文禄の役
1597	慶長2	慶長の役
1599	4	「慶長四年八月吉日」銘の滴水瓦が製作される。清正、熊本城の築城に着手か
1600	5	関ケ原の戦いで徳川方が勝利。石田三成についた小西行長は捕らえられて斬首。肥後の南半国も加藤領に。その後、豊後に飛び地も
1602	7	四木宮が花畑から本荘に遷座、のち細川綱利の代に代継宮と改称
1607	12	熊本城が完成。清正、隈本を熊本と改める
1610	15	このころ、清正が城の南側（代継宮跡）に御花畑の作事
1611	16	6月、清正死去
1625	寛永2	6月、熊本地方で大地震、城内の煙硝蔵が爆発
1632	9	5月、加藤家2代の忠広が改易になり、出羽に配流。12月9日、豊前小倉藩主の細川越中守忠利が熊本城に入城
1633	10	2月、忠利、熊本城本丸の修理のため花畑屋敷に移る
1634	11	8月、本丸の作事が終わり、忠利が花畑屋敷から戻る
1636	13	このころ、忠利が国府の御茶屋（成趣園）を造営。6月、花畑屋敷の普請が完了し、藩主忠利の居住屋敷が本丸から花畑屋敷となる
1637	14	天草島原の乱、忠利出陣
1638	15	御花畑の御殿や庭を整備し、花畑屋敷全体が完成。陽春庭は茶道方の小堀長左衛門が作事
1640	17	忠利、宮本武蔵を客分待遇で肥後に迎え、千葉城跡に居宅を与える
1641	18	正月2日、忠利が武蔵らを花畑屋敷に招く。2月、武蔵が「兵法三十五箇条」を忠利に献上 3月17日、忠利没
1645	正保2	武蔵が「五輪書」を書き上げ、5月死去
1667	寛文7	火の用心のため、花畑屋敷の長屋や塀を瓦葺きに改める
1694	元禄7	この年から享保2年（1717）の間に、「御地震屋」のある「御花畑図」が描かれる
1747	延享4	8月、藩主細川宗孝が江戸城殿中の刃傷事件で死去。10月、重賢が跡を継ぐ
1754	宝暦4	12月、二の丸に藩校時習館が開設される

細川忠利の御廟（中央）

水前寺成趣園＊1

熊本城の大天守と小天守（北面）

1756	宝暦6	12月、医学校の再春館創設。蕃滋園開設。小堀長順が「踏水訣」を著す
1779	安永8	花畑屋敷の大書院、中柱、歌仙の間などの屋根が銅瓦となる
1785	天明5	9月、花畑屋敷の広間の屋根が銅瓦となる。10月、重賢没
1792	寛政4	4月、島原の眉山が崩壊、熊本に大津波
1796	8	6月、熊本大洪水、城下の大半が浸水（辰の年の大水）
1818	文政元	8月と10月に頼山陽が来熊、本妙寺から熊本城を望み、漢詩を作る
幕末		花畑屋敷内の西側に新屋形がつくられる
1867	慶応3	10月、徳川慶喜、朝廷に大政奉還。12月、王政復古の大号令
1868	4	1月、鳥羽伏見の戦い。9月、明治に改元
1869	明治2	1月、横井小楠が京都で暗殺される。6月、版籍奉還。細川韶邦が藩知事となる
1870	3	5月、韶邦が隠居、護久が跡を継ぐ。7月、時習館、再春館を廃止。藩庁を花畑屋敷に移す 9月、護久が熊本城の廃棄を新政府に申し出る。この年、熊本城を一般に公開する
1871	4	1月、ドイツ人地理学者のリヒトホーフェンが来熊。西洋風の建物で細川護久と護美の兄弟に歓待される。4月、オランダ人医師マンスフェルトが古城医学校の教師として来熊。7月、廃藩置県。肥後国は熊本県と人吉県（のち八代県）に分かれる。花畑屋敷内に熊本県庁を置く。熊本城が兵部省（のちの陸軍省）管轄となる。8月、米国からジェーンズが来熊、洋学校の教師となる。9月、洋学校開校。10月、県庁は二の丸の旧有吉邸に移り、花畑屋敷は鎮西鎮台（陸軍）の兵営となる。11月、英国（スコットランド）のグラバーが浜田彦蔵（ジョセフ・ヒコ）と長崎から来熊。熊本城天守閣に登り、花畑屋敷内も案内される。この年、二の丸に鎮西鎮台病院（のちの陸軍病院、衛戍病院）ができる
1872	5	6月、県庁が二の丸から二本木に移る。熊本県を白川県に改める。明治天皇が熊本に巡幸、19日に花畑の鎮台本営に御臨幸。その後、水前寺成趣園も巡覧。8月、学制頒布。11月、太陽暦を採用。この年、厩橋際の旧厩跡（現熊本市役所）に監獄ができる
1873	6	1月、鎮西鎮台が熊本鎮台と改称。白川県と八代県が統合し白川県となる。6月、熊本城域が陸軍用地に編入される。熊本鎮台の本営が花畑屋敷から熊本城の本丸御殿に移転
1874	7	錦山神社が京町台に遷座（西南戦争で焼失）
1875	8	3月、古城医学校が廃校。4月、歩兵第13連隊が二の丸に屯営。11月、県庁が二本木から古城に移る
1876	9	2月22日、白川県を熊本県と改称。4月、工兵第六小隊が発足、花畑屋敷内の兵営が焼失し、

本丸御殿の入り口（闇門）

洋学校教師館（ジェーンズ邸）

不開門

棒庵坂下の仮兵舎に移転。9月、洋学校が閉校になる。洋学校跡に臨時裁判所と警察本部が設置される。10月24日、敬神党が熊本鎮台司令長官の種田政明宅と県令の安岡良亮宅、熊本鎮台を襲撃（神風連の変）。11月、谷干城（陸軍少将）が熊本鎮台司令長官に。歩兵第13連隊第3大隊が花畑屋敷跡を兵営とし、練兵場を設ける

1877　明治10　2月15日、鹿児島から1万3000の兵が熊本方面に薩摩街道を北上開始。熊本鎮台では谷干城司令長官をはじめ3500の兵が熊本城に籠城。19日、熊本城本丸から出火し天守閣や本丸御殿、櫓などが焼失。城下にも「射界の清掃」で火が放たれ、町は焦土と化す。兵営となっていた花畑屋敷も焼ける。西郷隆盛率いる薩軍に対し、政府が征討令を布告。20日、薩軍が熊本城を包囲。22～23日、薩軍が熊本城を総攻撃（西南戦争）。3月4～20日、田原坂で政府軍と薩軍が激闘。12・13日、段山の戦い。4月14日、八代に上陸した政府の衝背軍が熊本城に入城、鎮台兵の籠城が終了。薩軍は木山に退却。戦後、焼失した山崎町一帯が練兵場となる

1878　11　西南戦争で焼失した藤崎八旛宮の境内が陸軍用地となり同八旛宮は井川淵町に遷座、仮殿を建てる。10月、細川藤孝、忠興、忠利、重賢を主座として水前寺成趣園に出水神社創建。
11月、宮内に西南戦争の殉難碑建立

1879　12　1月、郡区町村編制法により、熊本区が発足

1884　17　7月、歩兵第23連隊が監物台を営所とする

1886　19　錦山神社が再建竣工。宮内の殉難碑付近に花畑屋敷の庭石の一部を移す

1887　20　1月、県庁が古城から南千反畑町（現白川公園）に移転

1888　21　5月、熊本鎮台が第六師団に改組、本丸に平屋の師団司令部庁舎

1889　22　市町村制施行、熊本市が誕生。南千反畑町に市役所。7月28日、金峰山地震（推定M6・3）、熊本城の石垣にも被害があり、陸軍が修復する

1890　23　10月、第五高等学校の開校式

1891　24　7月、厩橋際（須戸口門）の梅屋敷に熊本電灯会社（火力発電所）創設。11月、ラフカディオ・ハーン（小泉八雲）が五高の英語教師として来熊、約3年を熊本で過ごす

1894　27　4月、花畑屋敷跡に歩兵第23連隊の新兵営が完成。7月　日清戦争

1896　29　4月13日、夏目漱石が来熊、五高の英語教師となる

1897　30　5月、監物台に熊本陸軍地方幼年学校が開校

1898　31　熊本電灯会社が本山に移転、本山火力発電所と呼ばれる

1899　32　坪井川の桜橋ができる。9月28日、森鷗外（第12師団軍医部長）が小倉から出張で陸軍の熊

熊本電灯会社の火力発電所＊2

出水神社

二の丸から望む天守閣と宇土櫓

本衛戍病院に来院

1900	明治33	山崎練兵場が大江村渡鹿への移転。7月、夏目漱石が英国留学のため熊本を去る
1902	35	11月、熊本で陸軍特別大演習。本丸の六師団司令部が大本営となる。明治天皇の行幸に合わせて行幸坂がつくられ、下馬橋は下流側に架け替えられ行幸橋と改称
1904	37	日露戦争
1906	39	宮本武蔵遺蹟顕彰会が発足
1909	42	清正公三百年祭、錦山神社を加藤神社に改称。備前堀から古城に至る一帯（現桜の馬場城彩苑）に陸軍兵器支敞の赤煉瓦倉庫4棟が建つ
1910	43	1月2日、森鷗外（陸軍省医務局長）が来熊、二の丸の歩兵第13連隊や花畑の歩兵第23連隊、騎兵などを訪ね、23連隊の将校集会所で昼食をとる。この年、練兵場跡地に熊本地方専売局の煙草工場（煉瓦造2階建て）が完成。細川藤孝（幽斎）の没三百年を記念し、出水神社参道の大鳥居が建立される
1911	44	菊池軌道の上熊本（池田）～千反畑間が営業開始、新堀の地峡にはトンネルを掘削
1912	大正元	京都から古今伝授の間が水前寺成趣園に移築される
1913	2	1月、森鷗外が細川忠利没後の殉死問題を題材とした小説「阿部一族」を発表。6月、花畑町に肥後相撲館が開館し、大相撲興行ののち映画の常設館となる（昭和初年、市電の路線変更にかかり廃館）。
1915	4	厩橋前の熊本監獄署が大江村渡鹿に移転（現在地、大正11年に熊本刑務所と改称）
1917	6	本丸天守台前の六師団司令部が2階建てに改築される。船場町に日本銀行熊本支店開設
1920	9	監物台の熊本陸軍地方幼年学校が熊本陸軍幼年学校と改称
1921	10	公会堂の近くに元熊本市長の辛島格顕彰碑が建立される（その後、辛島公園に移設）
1923	12	菊池軌道の上熊本（池田）～千反畑間の電化に伴い、新堀のトンネルを廃止して地峡を開削、磐根橋と新堀橋が架けられる。九州新聞社が辛島町に新社屋。12月、熊本市の新市庁舎が監獄署跡に完成。翌月から新庁舎で業務開始
1924	13	8月、熊本市電が開通。10月、花畑町の歩兵23連隊が渡鹿練兵場の兵営に移転（翌年5月、宮崎県都城に移転）。11月、熊本市の上水道が通水。12月、藤崎台のクスノキ群が国の天然記念物に指定される
1925	14	3月20日、歩兵第23連隊跡地で三大事業記念国産共進会を開催（5月3日まで）。5月、二の丸の歩兵第13連隊が渡鹿に移転。熊本陸軍幼年学校が廃校

歩兵第二十三連隊址碑

六師団司令部 *4

陸軍特別大演習の奉迎門（行幸橋）*3

1926	大正15	1月、熊本城阯保存会結成。JOGK（のちのNHK）熊本放送局が市役所裏に完成
1927	昭和2	7月、二の丸の歩兵第13連隊跡地に熊本陸軍教導学校が開校。書物櫓跡に谷村計介（熊本城籠城戦の密使）の銅像が建立される
1928	3	3月、市電市役所前～辛島町間の路線を東側の花畑屋敷跡・旧歩兵23連隊跡地の中央を突っ切るルートに変更。新市街の映画館「電気館」の開館式。4月、熊本逓信局が市役所の隣に完成。12月、市電黒髪線（浄行寺～子飼橋）が開通。この年、花畑町の電車通りに面して熊本郵便局電話分室（のちのNTT花畑ビル、桜町別館）が竣工
1929	4	大蔵省所管となっていた歩兵第23連隊跡地の一部が花畑公園として整備される。6月、千葉城跡に熊本偕行社が落成。市電上熊本線（辛島町～段山）と春竹線（辛島町～春竹）が開通。12月、水前寺成趣園が国の名勝・史跡に指定される。この年、荒れていた宮内の殉難碑一帯を整備して公園化、辛島市長が「清爽園」と命名
1930	5	4月、花畑町に勧業館が開館。10月、熊本市公会堂が竣工。新市街に銀丁百貨店が開店。このころから花畑町、新市街が繁華街となっていく
1931	6	11月、熊本で陸軍特別大演習。手取本町や下通、行幸橋付近の道路が舗装される
1933	8	1月、西南戦争で焼け残った熊本城内の建築物17棟のうち、宇土櫓や監物櫓など13棟が旧国宝保存法に基づく国宝に指定される。2月、熊本城域が史跡に指定される。この年、日本勧業銀行（のちの第一勧業銀行、現みずほ銀行）熊本支店が花畑町に竣工
1933	9	10月、花畑公園に歩兵第23連隊址碑が建立される
1935	10	逓信省の熊本貯金支局が花畑町に開局
1936	11	3月、花畑町に熊本貯金支局の新庁舎が落成
1937	12	5月、花畑公園で三烈士碑の除幕式。10月、西南戦争60周年記念で谷干城の銅像（朝倉文夫作）が熊本城内に立つ
1939	14	5月、専売局の東で元田永孚の記念碑除幕式。9月、夏目漱石が俳句「午砲打つ地城の上や雲の峰」でも知られる熊本城月見櫓跡の「午砲台のドン」が廃止になる
1940	15	5月、熊本地方海軍人事部、花畑町の市教育会館内の仮庁舎で開庁。9月、県警防課が花畑公園に防空壕を掘る
1941	16	12月、日本、米英に宣戦布告
1943	18	金属製の記念碑や銅像の非常回収が始まり、6月に行幸橋際の谷村計介銅像と専売局前の征清記念碑前で壮行会。8月、二の丸の熊本陸軍教導学校が熊本陸軍予備士官学校に改編
1944	19	5月、宮本武蔵三百年祭。霊巌洞の近くに宮本武蔵先生所修錬之処碑が建立される

専売局前の征清記念碑*6

第一勧業銀行熊本支店

勧業館*5

1945　昭和20　6月、二の丸の熊本陸軍予備士官学校が岡山県津山に移転。新堀橋両側の崖に地下県庁の建設工事開始。7月1日、米軍機の空襲を受け、熊本市新市街、下通など中心市街地が焼け野原に。南千反畑町の県庁も焼失（翌日、熊本市公会堂に移る）。8月15日、戦争終結の詔書放送（玉音放送）。10月、熊本市の復興構想で、熊本城を緑地公園とし、新県庁を専売局跡に建設する案が盛り込まれる。保障占領のため連合国軍（米軍）が熊本市に進駐、公会堂に熊本軍政部が置かれる。城内の旧軍施設を米軍が接収。12月、辛島町や熊本駅前にヤミ市ができる。二の丸の熊本陸軍予備士官学校跡に、空襲で焼失した本荘の熊本医科大学（のちの熊本大学医学部）木部と基礎教室が移転。医大附属病院の一部を旧藤崎台陸軍病院に移し、藤崎台分院とする。陸軍病院が厚生省に移管され、国立熊本病院となる

1946　21　3月、県立図書館が熊本城内で再開。三の丸に化学及血清療法研究所（化血研）が米屋町から移転。7月、専売局跡地に新県庁舎南別館が落成、土木部と経済部の7課が移転

1947　22　4月、第一高校内に県立女子専門学校創立。9月、花畑町に熊本産業館が開館、産業復興の相談に応じる。年末には全国一斉にヤミ市の取り締まり。熊本市の銀杏通りに復興市場（屋台250台）の設置が決まる

1948　23　6月、県立女子専門学校が熊本城本丸の旧六師団司令部跡に移転。7月、県産業館が花畑町に落成。9月、専売局跡地に新県庁舎の中央本館が落成。熊本財務局の花畑町新庁舎落成式

1949　24　4月、県立女子専門学校が県立熊本女子大学となる。5月、初の青空素人のど自慢が花畑公園で開かれる。6月、専売局跡地に県中央保健所が開所。7月、熊本軍政部が熊本民事部と改称。専売局跡に木造2階建ての県会議場が完成、8月の定例会から使用。熊本城監物台で植物園の造成が始まる。12月、空襲で焼けた熊本専売局の煙草工場が大江町に新築移転。この年、熊本家庭裁判所が西出丸の旧陸軍旅団司令部跡に仮庁舎

1950　25　3月、専売局跡に新県庁舎の東・南・北本館が落成。4月、熊本県庁の位置に関する条例で正式に県庁の位置を決める。5月、花畑公園で統一メーデー集会。6月、県立女子大学が本丸から大江渡鹿に移転。8月29日、文化財保護法が施行され、旧国宝の宇土櫓などが国指定重要文化財に

1951　26　5月、財団法人熊本城址保存会が城の管理権譲渡を熊本市に申し入れ。6月、辛島町で区画整理始まる。8月、花畑公園と白川公園で県民盆踊り大会が開かれる。9月、熊本城の管理を熊本市に移管すると文化財保護委が指定。10月、文化財保護に基づき、熊本市が熊本城跡の管理団体に指定される。12月、辛島町に熊延バスの営業所が落成

1952　27　5月、公会堂で平和条約発効記念式。6月、熊本博物館が設立され、本丸の旧六師団司令部

宇土櫓と続櫓

陸軍省所轄地を示す境界石標（法華坂）

花畑公園と専売局煙草工場 *7

跡と宇土櫓で展示。11月、陸軍幼年学校跡に監物台樹木園オープン

1953 昭和28　1月、熊本城改修工事の起工式。5月、熊本城長塀が老朽化とシロアリ被害で崩れる。6月、白川流域で大雨、熊本市中心部も床上浸水し大量の土砂が市街地に堆積（6・26水害）。同水害の排土処理で古城堀端が埋め立てられる

1954 29　10月、市電開通30周年の熊本交通観光大博覧会。この年、櫨方役所跡（現加藤神社）にあった櫨方門が半壊状態になる

1955 30　10月、専売公社熊本出張所が花畑町に完成。宮内で県護国神社の地鎮祭。11月、泰勝寺跡と横手町（北岡）の細川邸が熊本市の自然公園となる。12月、熊本城跡が特別史跡に指定される。この年、熊本家庭裁判所が西出丸から古京町に新築移転

1957 32　4月、宇土櫓の解体復元工事が完成。5月、原子戦争準備反対全日本学生総決起デーで、熊本大学の学生600人が花畑公園で集会。6月、千葉城町で県立図書館の起工式。熊本市議会が熊本城天守閣復元の請願を採択。11月、行幸坂入り口で民生委員の父、林市蔵の胸像除幕式。この年から約5年をかけ熊本大学医学部が二の丸から本荘の研究棟・病棟に復帰。宮内に熊本県護国神社が遷座

1958 33　12月、千葉城町に県立図書館が完成

1959 34　4月1日、熊本城天守閣の再建起工式。8月、旧砲兵営跡に県営熊本城プールが完成。この年、辛島公園開設

1960 35　細川家が波奈之丸の管理について熊本市の申し入れを承認。5月14日、県立第一高校の落成式、古城に新築移転。7月、熊本城平御櫓の落成式。9月22日、熊本城天守閣が再建され、落成式。10月、お城まつり。藤崎台県営球場の完工式。12月、二の丸の熊本地方合同庁舎が完成、九州財務局や九州農政局など8官署が入居。この年、櫨方門を山崎口に移設復元し、料金所とする

1961 36　1月、県農協中央会が花畑公園で農民大会。2月、天守閣再建に伴い、熊本市立博物館が勧業館内に移転。この年、在熊の作家荒木精之氏が森鷗外の小説「阿部一族」のモデルとなった阿部家屋敷跡を山崎町のRKK熊本放送の社屋付近と特定

1962 37　3月、熊本城で「くまもと博覧会」。4月、二の丸の旧熊大医学部の校舎を活用し、県立第二高校が開校。8月、花畑町の熊本国税局跡地を電電公社九州電気通信局に売却決定。この年、加藤神社が櫨方役所跡（現在地）に遷宮

1963 38　1月、北岡自然公園にあった波奈之丸の舟屋形が熊本城天守閣内に引っ越し。2月、行幸町の県庁別館（農林部）が全焼。3月、千葉城町の旧偕行社跡にNHK熊本放送局が完成、市

熊本偕行社 *8

波奈之丸の舟屋形内部

大天守と小天守

役所裏から移転。8月、公会堂で県庁熊本城内設置反対市民大会

1964　昭和39　9月11日、東京オリンピックの聖火リレーが鹿児島から熊本に到着。12日、県庁前や花畑公園一帯が歓迎の人たちで埋め尽くされる。11月、北岡自然公園内の倉庫にあった細川家の古文書が熊本大学に寄託される

1965　40　3月、桜町の旅館で火災、3棟全焼。4月、行幸町が町名変更で桜町に。8月、神水町・出水町の農林省蚕糸試験場九州支場跡地で新県庁舎の起工式。県議会特別委で県庁跡地に熊本交通センター案が出る。

1966　41　3月、馬具櫓の復元落成式

1967　42　3月3日、出水町（現水前寺6丁目）の新県庁舎で開庁式。7月、桜町の旧県庁舎跡地のうち、熊本交通センター建設用地の売却契約調印式。10月、熊本交通センターの起工式

1968　43　1月、熊本市民会館が開館。7月、県立第二高校が二の丸から健軍東町に新築移転、跡地は二の丸公園に整備。8月、花畑公園にある旧代継神社の大クスが熊本市指定天然記念物に

1969　44　3月5日、熊本交通センターがオープン。5月、明治百年を記念し谷干城の銅像が月見櫓跡に復元される

1970　45　5月、市電の藤崎宮前～上熊本間と辛島町～南熊本が廃止。9月、熊本交通センターが専売公社敷地を落札

1971　46　桜町の電電公社九州電気通信局庁舎（のちのＮＴＴ西日本桜町ビル・熊本支店）が完成

1972　47　3月、千葉城町の旧第六師団長官舎跡地が高橋公園に。市電の水道町～子飼橋廃止。この年、三の丸の化血研が清水研究所を本所とする。

1973　48　8月、花畑公園のクスノキの葉の20％が枯れる。その後、熊本市が根元の土を掘り起こし、蘇生に向けた処置が施される。9月、花畑公園の大クス保存で県と熊本市が周辺の交通量と排ガス調査。10月18日、岩田屋伊勢丹ショッピングセンターと熊本交通センタープラザが開店。11月29日、大洋デパート火災、熊本城本丸にいた観光客が騒然となる

1974　49　5月、二の丸で県立美術館（設計・前川國男）の起工式。7月、岩田屋伊勢丹が百貨店に衣替え。この年、熊本家庭裁判所が古京町から千葉城町に移転

1975　50　花畑町の熊本貯金支局が大江に移転、同庁舎は熊本市に譲渡、市役所花畑町別館となる

1976　51　2月、県立美術館の落成式、3月4日にオープン。永青文庫展と古墳壁画展が行われる。8月、新市街の銀丁百貨店が閉店。小堀流踏水術が県指定文化財に

1977　52　2月、熊本城飯田丸で西南戦争百周年記念の籠城祭。12月、行幸坂に西南の役回顧の碑建立

1978　53　4月、古京町の熊本市立熊本博物館（設計・黒川紀章）が開館

花畑公園

熊本城二の丸広場

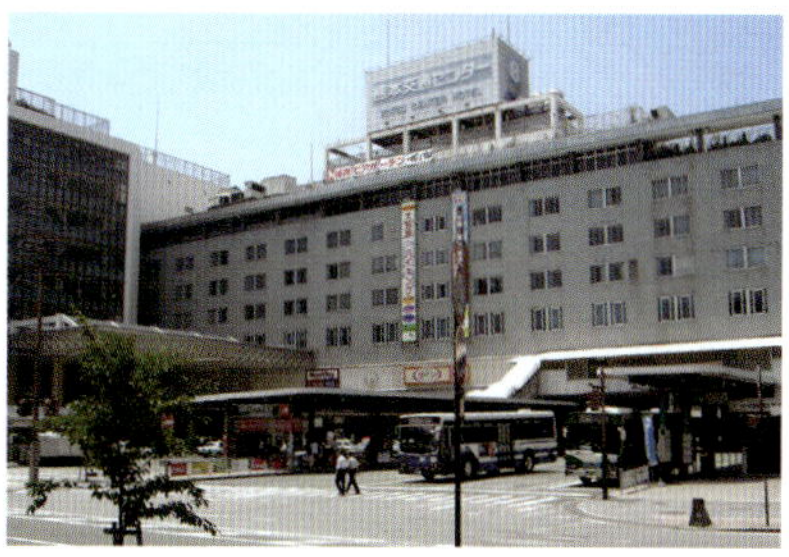
熊本交通センター*9

1979	昭和54	3月、花畑町の朝日新聞第一生命ビル（11階建て）が竣工。4月、勧業館が閉館。5月12日、辛島町で加藤清正像の除幕式。12月、熊本城で黒澤明監督の映画「影武者」のロケが始まる
1980	55	6月、辛島公園のロータリーで暴走族が暴徒化、花畑派出所（交番）に投石も
1981	56	1月、熊本城の西大手門が再建される。3月、花畑町の勧業館跡地に熊本市産業文化会館が完成。11月、熊本市の新市庁舎が落成
1982	57	8月、千葉城町に県伝統工芸館が開館。12月、熊本城の田子櫓・七間櫓・十四間櫓・四間櫓（いずれも国指定重要文化財）の修復工事が終わる
1983	58	2月、細川護熙氏が県知事に当選（2期8年）。9月、宇土櫓がシロアリの被害に
1984	59	7月、黒澤明監督の映画「乱」のロケが熊本城で行われる
1985	60	10月16日、千葉城町の県立図書館が出水2丁目に新築移転、開館
1986	61	8月、第4回全国都市緑化くまもとフェアが開催される
1988	63	8月、数寄屋丸南側の石垣復元工事に着手
1989	平成元	4月、熊本市制百周年、二の丸広場で記念行事。7月、花畑町の県物産館跡地に熊本テクノプラザ完成。9月、熊本城の数寄屋丸二階御広間が完成。武蔵塚公園に宮本武蔵像建立。10月、くまもとアートポリスプロジェクトで花畑公園にパークトイレが完成。この年、代継宮が現在地（龍田3丁目）に遷座
1991	3	7月、加藤清正の銅像が辛島公園ロータリーから行幸橋際に移設される。9月、台風19号で熊本城の長塀が甚大な被害。
1992	4	7月、みゆき会館跡地で熊本市国際交流会館の起工式。10月、千葉城町の旧県立図書館を大幅に改装し、県立美術館分館が開館
1993	5	2月、辛島公園地下駐車場が完成、供用開始。3月、岩田屋伊勢丹から伊勢丹が撤退、熊本岩田屋となる。8月、細川護熙氏が内閣総理大臣に（翌年4月28日まで）。旧細川刑部邸を東子飼町から古京町に移築復元。9月、旧熊本市役所の車寄せが千葉城町の高橋公園内に移設復元される。10月、熊本城一帯で火の国フェスタ開幕。この年、化血研の跡地が三の丸第二駐車場となる
1994	6	1月、細川刑部邸の一般公開が始まる。9月、花畑町で熊本市国際交流会館の定礎式、翌月開館
1996	8	9月、第1回くまもとお城まつり
1997	9	1月、熊本市が熊本城本丸御殿の復元計画を発表

細川刑部邸

四間櫓と源之進櫓

西大手門

1998　平成10　1月、熊本市が熊本城西出丸一帯の櫓や長塀の復元計画を発表。2月、熊本中央ライオンズクラブが谷村計介の銅像を熊本市に寄付、熊本城天守閣1階で除幕式。4月、熊本城復元募金制度が発足、「一口城主」も登録

1999　11　5月、本丸御殿跡の発掘調査が始まる。8月、豊後街道二里木のエノキ（龍田町）の樹勢回復作業が行われる。花畑町の第一勧業銀行熊本支店の解体が始まる。9月、熊本城の西大手門が台風18号で倒壊

2000　12　3月、横井小楠をめぐる維新群像が千葉城町の高橋公園内に建立される。6月、二の丸の合同庁舎移転先として春日2丁目の月星化成熊本工場敷地が第一候補地に。10月、水前寺成趣園の古今伝授の間で、４００年前の古今伝授の模様を再現

2001　13　3月、飯田丸五階櫓の復元作業現場で、石垣の内側に古い石垣を発見。5月、県営熊本城プールが閉鎖され跡地は国に返還。10月、熊本市国際交流会館で路面電車サミット開催。本丸の谷干城像が高橋公園に移設される

2002　14　1月、本丸御殿小広間三階櫓跡から「熊本鎮台本営之印」と彫られた蛇紋岩製の印鑑が出土。10月、熊本城の南大手門復元

2003　15　1月、国立病院敷地内で隈本城（古城）の櫓や柵などの遺構が見つかったと県教委が発表。2月、熊本岩田屋が閉店、くまもと阪神開店。6月、熊本城本丸御殿の発掘現場から西南戦争当時の拳銃が見つかる。8月、熊本城の未申櫓と戌亥櫓、元太鼓櫓が復元。西大手門も再建。11月、本丸御殿大広間の復元工事が始まる

2004　16　3月、熊本城西出丸一帯の復元整備が完了。「熊本城４００年と熊本ルネッサンス」県民運動本部が発足。4月、国立熊本病院が独立行政法人国立病院機構熊本医療センターとなる。8月、熊本市電が開業80周年。10月、市役所花畑町別館に歴史文書資料室を開設。長塀前の坪井川一帯で「熊本暮らし人祭り　みずあかり」開催

2005　17　3月、熊本城飯田丸五階櫓が復元。第１回観桜坪井川園遊会開催。9月、本丸御殿大広間の上棟式。熊本城長局御櫓跡から江戸中～後期の刀や槍などが多数出土

2006　18　1月、慶長17年作とされる最古の熊本城の絵図「肥後熊本城略図」が山口県立文書館毛利家文庫で見つかる。2月、日本城郭協会が選定した「日本１００名城」に熊本城と人吉城が選ばれる。10月、熊本城周遊バスの運行が始まる。11月、二の丸の県立美術館本館が日本建築家協会25年大賞に選ばれる。12月、熊本城築城四〇〇年祭始まる

2007　19　3月、熊本城復元資金の「一口城主」に1万９４０２口、10億円を超える寄付金

2008　20　4月、熊本城本丸御殿大広間の復元工事終了、一般公開。馬具櫓を再建のため解体。県立美

飯田丸五階櫓

みずあかり

横井小楠をめぐる維新群像

術館本館に細川コレクション永青文庫展示室がオープン。5月、熊本城築城四〇〇年祭が閉幕。7月、市民会館にネーミングライツ（施設命名権）を導入。本丸御殿大広間が落成3カ月で入館者50万人突破。この年、ＮＴＴ花畑ビルが解体される

２００９　平成21　4月、熊本大学文学部附属永青文庫研究センターが発足

２０１０　22　11月、春日2丁目の熊本地方合同庁舎A棟が竣工、二の丸のあった九州財務局や九州農政局などが移転

２０１１　23　2月、くまもと阪神が県民百貨店に店名変更。3月、県営熊本城プール跡に桜の馬場城彩苑がオープン

２０１２　24　2月、第1回熊本城マラソン開催。3月、「熊本暮らし人祭り　みずあかり」が第16回「ふるさとイベント大賞」総務大臣賞受賞。熊本市が「熊本市コンベンションシティ基本構想」で中核となるＭＩＣＥ施設整備の基本方針を示す。4月、熊本市が政令指定都市に。「熊本城４００年と熊本ルネッサンス」県民運動本部が熊本ルネッサンス県民運動に改称

２０１４　26　9月、馬具櫓の落成式。10月、二の丸にある国の出先機関7官署のうち、熊本行政評価事務所から新築の熊本地方合同庁舎B棟（西区春日2丁目）へ移転開始

２０１５　27　1月、熊本市産業文化会館の解体が終了、3月からイベントスペースの花畑広場に。熊本国税局が熊本地方合同庁舎B棟で執務を開始。2月、県民百貨店が末日で閉店。5月、熊本ルネッサンス県民運動が発展的解散。6月、熊本交通センターホテルが閉館。9月、熊本交通センターが閉鎖、花畑公園前付近がバス発着場に

２０１６　28　3月、市役所花畑町別館が閉鎖（翌年解体）。4月14・16日、熊本地震。国の重要文化財である熊本城の東十八間櫓・北十八間櫓・五間櫓・不開門・長塀が倒壊。天守閣や石垣も大きな被害を受ける。木造で復元されていた飯田丸五階櫓は「一本足」の石垣だけで倒壊を免れる。ジェーンズ邸も倒壊。5月、熊本城天守閣や飯田丸五階櫓の復旧工事が始まる。12月、熊本城ホールを中核施設とした熊本桜町地区第一種市街地再開発事業が熊本市議会で承認される

２０１７　29　1月、旧熊本地方合同庁舎（二の丸）の解体が始まる。2月1日、桜町再開発事業の起工式。5月、千葉城町のＪＴ熊本支店が解体終了、約５万６０００平方メートルの跡地は熊本市が購入の意向。6月、ＮＨＫ熊本放送会館が千葉城町から花畑町に新築移転。12月、熊本地震で倒壊した出水神社参道の大鳥居の柱を再利用した夏目漱石の句碑3基が水前寺成趣園内に建立される

２０１８　30　2月、市役所花畑町別館跡地とみずほ銀行熊本支店が共同で、隣接する敷地を一体的に整備し8階建ての複合施設を整備する計画が明らかになる。3月、花畑公園の歩兵第23連隊址碑

夏目漱石の句碑（水前寺成趣園）

熊本市役所花畑町別館

桜の馬場城彩苑

2019

が撤去される。5月、NTT西日本が熊本支店（桜町ビル）の九品寺移転を検討。花畑広場でサッカー日本代表VSガーナ代表のパブリックビューイング。6月20日、元太鼓櫓が倒壊。7月13日、二の丸でプロ野球オールスターゲームのパブリックビューイング
桜町地区第一種市街地再開発事業が竣工（予定）

写真出典

＊1、4、5、6、8 戦前の絵葉書
＊2 甲斐青萍筆（部分）、文林堂蔵
＊3『熊本地方特別大演習写真帖』（明治35年）
＊7『熊本市史』（昭和7年）
＊9 九州産業交通ホールディングス

参考資料

熊本大学永青文庫研究センター編『永青文庫叢書 細川家文書 絵図・地図・指図編Ⅰ』吉川弘文館、2011年
熊本大学永青文庫研究センター編『永青文庫叢書 細川家文書 絵図・地図・指図編Ⅱ』吉川弘文館、2013年
『近世熊本城の被災と修復』(第33回熊本大学附属図書館貴重資料展解説目録)熊本大学附属図書館、平成29年
『肥後文献叢書 別巻一』歴史図書社、昭和46年
『綿考輯録 第六巻』出水神社、平成2年
小堀長順『踏水訣』(写)寛政8年
『肥後国誌 上』(復刻)青潮社、昭和47年
『熊本城 威容誇る大小の天守・石垣』学習研究社、1994年
『熊本県史』熊本県、昭和39年
『熊本市史』熊本市、昭和7年
富田紘一「熊本城みてある記(改訂版)」熊本市広報課、平成25年
富田紘一『古写真に探る 熊本城と城下町』肥後上代文化研究会、1999年
熊本県文化財保護協会『熊本県歴史の道調査―豊後街道―』熊本県教育委員会、昭和57年
『熊本城発掘調査報告書2 本丸御殿の調査』熊本市熊本城調査研究センター、2016年
『ジェーンズ熊本回想』熊本日日新聞社、平成3年
フレッド・G・ノートヘルファー著/飛鳥井雅道訳『アメリカのサムライ L・L・ジェーンズ大尉と日本』法政大学出版局、1991年
フェルナンド・フォン・リヒトホーフェン著/上村直己訳『リヒトホーフェン日本滞在記 ドイツ人地理学者の観た幕末明治』九州大学出版会、2013年
山口修・中川努/訳『アメリカ彦蔵自伝2』平凡社東洋文庫、昭和39年
『巡幸日誌』明治5年
熊本城400年と熊本ルネッサンス県民運動本部編『肥後学講座』熊本日日新聞社、平成18年
熊本城400年と熊本ルネッサンス県民運動本部編『肥後学講座Ⅱ』熊本日日新聞社、平成20年
熊本城400年と熊本ルネッサンス県民運動本部編『肥後学講座Ⅲ』熊本日日新聞社、平成21年
熊本ルネッサンス県民運動本部編『新肥後学講座 明治の熊本』熊本日日新聞社、平成27年
『肥後の絵図』熊本日日新聞社、平成3年
『切絵図・現代図で歩く 江戸東京散歩』人文社、2003年
『熊本の昭和史 年表』熊本日日新聞社、昭和62年
『熊本の平成年表』熊本日日新聞社、平成21年
『図説 熊本・わが街』熊本日日新聞社、昭和63年
熊本市役所編『熊本市三大事業記念 国産共進会誌』熊本市、大正15年
『熊本地方専売局写真帖』熊本地方専売局、昭和5年
徳冨健次郎『竹崎順子』福永書店、大正12年
『鷗外全集 第三十五巻』岩波書店、昭和50年
『陶淵明全集(下)』岩波文庫、1990年
鎌田茂雄『五輪書』講談社学術文庫、1986年
『熊本地方特別大演習写真帖』陸地測量部、明治35年
東京江戸東京博物館、東京新聞編『参勤交代―巨大都市江戸のなりたち』東京江戸東京博物館、1997年
石川県立歴史博物館編『参勤交代』石川県立歴史博物館、1991年
丸山雍成『参勤交代』(日本歴史叢書)吉川弘文館、2007年
山本博文『参勤交代』講談社現代新書、1998年
國武慶旭『参勤交代と歴史街道 熊本城築城四〇〇年記念』もぐら書房、2006年
山本博文監修『あなたの知らない熊本県の歴史』洋泉社歴史新書、2013年
荒木栄司『よくわかる熊本の歴史(2)』熊本出版文化会館、1999年
松本寿三郎、松下康恵『松寿庵先生江戸咄』文芸社、2015年
吉村豊雄『藩制下の村と在町 近世の阿蘇』(一の宮町史3)一の宮町、2001年
水野公寿、岩本税『熊本県の不思議事典』新人物往来社、1995年
新熊本市史編纂委員会『新熊本市史 別編 第一巻』熊本市、平成5年
新熊本市史編纂委員会『新熊本市史 通史編第3巻 近世Ⅰ』熊本市、平成13年
新熊本市史編纂委員会『新熊本市史 通史編第4巻 近世Ⅱ』熊本市、平成15年
新熊本市史編纂委員会『新熊本市史 通史編第5巻 近代Ⅰ』熊本市、平成13年
新熊本市史編纂委員会『新熊本市史 通史編第6巻 近代Ⅱ』熊本市、平成13年
新熊本市史編纂委員会『新熊本市史 通史編第7巻 近代Ⅲ』熊本市、平成15年
鈴木喬編『写真集 明治大正昭和熊本 ふるさとの思い出125』国書刊行会、1980年
熊本日日新聞情報文化センター編『写真集 熊本一〇〇年』熊本日日新聞社、1985年
熊本市都市政策研究所編『都市形成史図集』熊本市都市政策研究所、2014年
熊本市都市政策研究所編『都市形成史図集 戦後編』熊本市都市政策研究所、2016年
甲斐青萍画、伊藤重剛編著『甲斐青萍 熊本町並画集 江戸・明治・大正・昭和』熊本日日新聞社、2017年
「熊本市新・旧町名対照表(住居表示実施区域)平成27年4月1日現在」熊本市ホームページ
『漱石全集 第二十三巻』岩波書店、1979年
『熊本県大百科事典』熊本日日新聞社、昭和57年
熊本地名研究会編著『熊本の消えた地名』熊日新書、2000年
『東京を江戸の古地図で歩く』河出書房新社、2004年
「江戸東京大地図」平凡社、1994年
『大名細川家―文と部の軌跡―』八代市立博物館未来の森ミュージアム・北九州市立いのちのたび博物館、平成17年

写真提供

公益財団法人永青文庫
出水神社
九州産業交通ホールディングス
熊本市都心活性推進課
熊本県立図書館
熊本県伝統工芸館
文林堂
熊本日日新聞社
伊藤重剛
坂本徹

あとがき

本書は花畑屋敷と参勤交代の絵図・地図を中心に編集されていますが、これらの資料の大半は永青文庫のご協力によるものであります。

花畑・桜町一帯はかつてない大規模な再開発が行われています。熊本の中心地の新しい姿が少しずつ現れてきましたが、この再開発は二〇一九年九月に完成予定だと聞いています。

熊本の中心地にあって、これほどの大きな再開発と街の変化は、戦後最大ではないでしょうか。熊本のシンボル熊本城の復旧復興と相まって、熊本市の一大変革の年になりそうです。

この新しい街の姿は、熊本の都市が大きくスケールアップし、創造的復興の象徴的な姿を映しているような気がいたします。新しい街を全国の皆様に知ってもらい、世界に発信されることを期待しています。

新しい姿を見せる花畑・桜町一帯には、四百年さらには千年の先達が残した物語があります。この物語の一端でも知っていただければ、熊本の街がさらに楽しくなること間違いありません。加藤、細川時代の江戸三百年に、藩政の最も重要な判断、決断もこの花畑屋敷で行われたのかと思えば、屋敷跡の重さが違ってきます。

何よりも、藩最大の行事は参勤交代です。この花畑屋敷から江戸へ二百八十里、千五百人ほどの行列をなし、江戸へ向かい、また翌年熊本に帰っていたのです。藩財政の半分ほどの費用を要しても、藩の存亡にかかわるため、この制度を守らねばなりませんでした。

しかし一方、参勤交代で江戸の文化をたくさん持ち帰り、各藩の情報を知る絶好の機会ともなっていたのです。

明治以降、九州の中心地・軍都熊本は、熊本城と花畑・桜町から始まります。一帯は〝練兵町〟となっていきますが、やがて大江、渡鹿へ移り、跡地は新市街として整備されていきます。

以後、次々と姿を変えてきましたが、この四百年、常に熊本の中心にして街の最も重要な役割を果たしてきました。新しく賑やかな街の姿が全国に、そして世界に発信される時に、花畑・桜町一帯が永い歴史と物語を有していることを語り添えることができることを願って、本書を刊行しました。

永青文庫と熊本大学永青文庫研究センターをはじめ、編集者（元熊日出版）の弓掛浩氏、熊本大学医学部同窓会・熊杏会肥後医育ミュージアム研究員の松﨑範子氏、そして熊本ルネッサンス県民運動本部事務局を担当してこられた藤井京子氏に一貫してご協力いただきました。皆様に心より感謝し、お礼申し上げます。（吉丸良治）

編著者略歴

吉丸良治（よしまる・りょうじ）

昭和13年（1938）　熊本県荒尾市生まれ。中央大学法学部卒業

昭和39年（1964）　熊本県庁入庁。教育次長、企画振興部次長、東京事務所長、商工観光労働部長などを歴任

平成10年（1998）　熊本県企業局長で退職。財団法人熊本県伝統工芸館長となる

平成12年（2000）　熊本県文化協会副会長

平成16年（2004）　熊本県伝統工芸館長を退職、特別顧問。九州産業交通株式会社常勤監査役、副社長を経て九州産業交通ホールディングス株式会社顧問。熊本ルネッサンス県民運動本部代表幹事（20～27年は会長）

平成18年（2006）　公益財団法人永青文庫常務理事。28年から理事

平成24年（2012）　熊本市国際交流振興事業団理事長

平成26年（2014）　熊本国際観光コンベンション協会代表理事

平成30年（2018）　5月、熊本県文化協会長を退き、同名誉会長

花畑屋敷四百年と参勤交代

二〇一八年九月二十日 発行

編著　吉丸良治

協力　公益財団法人永青文庫

編集　書肆弓掛

発売　熊日出版

〒八六〇－〇八二三

熊本市中央区世安町一七二

電話 〇九六（三六一）三二七四

装丁・アートディレクション　ウチダデザインオフィス

印刷　株式会社城野印刷所

定価は表紙カバーに表示しています。

ISBN978-4-908313-40-0　C0021